# 古代中国著名战役

时代少儿人文丛书
发现中国 DISCOVER CHINA

○ 张志伟 / 编著　○ 刘向伟 / 绘图

时代出版传媒股份有限公司
安徽少年儿童出版社

图书在版编目（CIP）数据

古代中国著名战役 / 张志伟编著；刘向伟绘图.—合肥：安徽少年儿童出版社，2016.9（2022.1重印）
（时代少儿人文丛书·发现中国）
ISBN 978-7-5397-8792-3

Ⅰ.①古… Ⅱ.①张… ②刘… Ⅲ.①战役—中国—古代—少儿读物 Ⅳ.①E291-49

中国版本图书馆CIP数据核字（2016）第044872号

SHIDAI SHAO'ER RENWEN CONGSHU FAXIAN ZHONGGUO GUDAI ZHONGGUO ZHUMING ZHANYI

时代少儿人文丛书·发现中国·古代中国著名战役

张志伟 / 编著
刘向伟 / 绘图

| | | |
|---|---|---|
| 出版人：张 堃 | 特约策划：墨儒墨禅 | 装帧设计：墨 禅 |
| 责任编辑：周 云 | 责任校对：武 军 | 责任印制：田 航 |

出版发行：时代出版传媒股份有限公司　http://www.press-mart.com
安徽少年儿童出版社　E-mail:ahse1984@163.com
新浪官方微博：http://weibo.com/ahsecbs
（安徽省合肥市翡翠路1118号出版传媒广场　邮政编码：230071）
出版部电话：（0551）63533536（办公室）　63533533（传真）
（如发现印装质量问题，影响阅读，请与本社出版部联系调换）

印　　制：阳谷毕升印务有限公司
开　　本：787mm×1092mm　1/16　印张：10　字数：105千字
版　　次：2016年9月第1版　2022年1月第2次印刷

ISBN 978-7-5397-8792-3　　　　　　　　　　　　　定价：38.00元

版权所有，侵权必究

# 序言

世界六大古代文明，有古代埃及文明、古巴比伦文明、古代印度文明、古代中国文明、古希腊文明和古罗马文明。这六大古代文明都为人类社会的发展进步做出了巨大贡献。本套书简要地记述了中国历史上一个个五彩斑斓的瞬间，及多位有作为、有贡献的杰出人物，并且对五千多年的历史进行了多方面的介绍，呈现中华民族辉煌的文明。

战争，绵延于几千年的历史当中，其中有反抗残暴统治的起义，有抵御外来侵略的抗争，有统治集团之间争权夺利的内战，有为了掠夺而进行的骚扰和杀戮，也有为了野心进行的扩张和征服……每一次战争，都会带来血腥的死亡和伤害，把城市和乡村变成瓦砾废墟，给历史留下不可磨灭的记忆。

战争是惨烈的，以鲜血和生命为沉重的代价。战争，决定了一个集团、一个王朝甚至一个民族、一个国家的生死存亡。两千五百多年前，军事家孙武在《孙子兵法》开篇即写道："兵者，国之大事。死生之地，存亡之道，不可不察也。"

战争也是不同的：有正义之战，为了民族的生存、自由和尊严而进行英勇的自卫；也有非正义的侵略、掠夺、扩张。我们不能一概排斥和反对战争，如果没有项羽和楚国江东子弟兵在巨鹿破釜沉舟、奋不顾身地大败秦军主力，残暴的秦王朝就不会灰飞烟灭；如果没有卫青和霍去病率领将士驰骋千里，歼灭骄横的匈奴骑兵，中原人民就无法获得平静和安宁；如果没有郑成功乘风破浪与荷兰侵略者浴血奋战，怎么能收回祖国的宝岛台湾。我们会永远记住这一场又一场正义的战争，也会永远尊敬那些抛头颅洒热血的先烈和英雄。社会的进步，是他们的赤热碧血凝结而成的。

随着对战争、战役、战术、训练、武器、后勤、通讯、情报等的研究，产生了军事科学，也出现了战争的艺术。成功的军事家是如何抵御气势汹汹的残暴强敌，如何抓住稍纵即逝的时机，如何从容布阵巧妙应战……每场战役中都有许多惊心动魄的故事，也有更多千百年的遗憾。

本书收集了三千多年来的十五大战役，讲述了中华大地上绚丽多彩的战事。有的推翻了荒淫腐败的王朝；有的保卫了边境的安宁；有的战胜了凶恶的侵略者；有的维护了国家的统一。书中的故事生动活泼，引人入胜。

历史学者　姜昆阳

# 目录

第一章
牧野之战……………………………………1

第二章
长勺之战……………………………………14

第三章
城濮之战……………………………………25

第四章
长平之战……………………………………36

第五章
巨鹿之战……………………………………49

第六章
漠北之战……………………………………60

第七章
官渡之战……………………………………71

第八章
赤壁之战……………………………………80

第九章
淝水之战 ················· 91

第十章
采石之战 ················· 102

第十一章
鄱阳湖之战 ··············· 111

第十二章
平壤大捷 ················· 120

第十三章
民族英雄郑成功收复
台湾之战 ················· 129

第十四章
雅克萨之战 ··············· 136

第十五章
乌兰布通之战 ············· 145

# 第一章 牧野之战

## 牧野之战

【战役名称】牧野之战
【交战时间】公元前1046年
【交战地点】牧野（今河南卫辉）
【交战方】周军vs商军
【参战方力量对比】周军：兵车300辆，精锐武士3000人，步兵4.5万人；商军：史称70万人。
【伤亡情况】周军：不详；商军：史称死亡18万人，被俘33万人。
【战役结果】周军获胜。
【历史意义】推翻了商王朝的统治，建立了周王朝。

在中国战争史上，牧野之战是一场十分重要的战役。它直接宣告了商王朝的结束和周王朝的诞生。

### 周的崛起

纣王帝辛是商朝的最后一个王。他曾经封周国首领姬昌为西伯，后来又担心西伯势力增长对自己不利，就将西伯囚禁了起来。西伯在被囚禁期间，每天靠推演八卦来打发时间，写出了著名的《周易》。

有一次，西伯的长子伯邑考来探望父亲，他向纣王提出请求，愿意代替父亲去坐牢。然而，面对伯邑考的孝心，纣王居然勃然大怒，处死了伯邑考。

纣王的残暴令西伯感到非常伤心和愤怒。西伯的手下为了救他，送给纣王大量美女、名马和宝玉。纣王很高兴，这才释放了西伯。

好不容易才获得自由的西伯，觉得纣王的统治太残忍了，在心里埋下了推翻商朝的种子。在得到贤臣姜尚[1]之后，西伯开始积极谋划，努力扩大自己的势力范围，只等时机成熟，就可以发兵推翻商朝。在姜尚的辅佐下，西伯积极调解诸侯国之间的纷争，扩大影响力。他一方面出兵讨伐西戎（商朝西部的少数民族），解除后顾之忧；一方面向东扩展，占领了通往首都朝歌（今河南淇县）的要塞。

西伯病逝后，其子姬发继位，就是后来的周武王，他延续了姬昌的内外政策。公元前1048年，姬发决定在孟津举行盛大的阅兵式，得到了许多诸侯国的支持，阅兵的场面非常壮观。姬发原本想以军演为名，向商朝宣战。但是，姜尚非常谨慎，他警告姬发："你这样做太危险了。商朝还很强大，我们现在还没有足够的力量向纣王宣战。这样做只会给我们招来灾难。"

姬发有点等不及了，他问姜尚："要等到什么时候我们才能讨伐纣王呢？"姜尚认真地给他分析局势，说："邪恶的人比忠良的人更受重用，只能称之为虐政；贤德的人被逼得纷纷出逃，可以说快要崩溃了；当老百姓连怨恨不满的话都不敢说时，讨伐的时机就成熟了。只有等到最后一种情况出现时，我们才能打败纣王。"

姬发觉得姜尚说得有道理。他心想，等到天下民众都对纣王的统治不满了，那个时候宣战，才能用最小的代价取得最大的成功。于是，阅兵式结束后，他就让各诸侯国的军队都回去了。

虽然没有向商朝宣战，但姬发通过这次阅兵确定了自己的盟友，也是一个很大的收获。

古代通讯虽然不像现在这么发达，但这么多诸侯国举行联合军演，动静肯定不会小，纣王不可能不知道，难道就不会引起他的重视吗？原来这个时候，纣王正在关注东方，他一心想要解除东夷（商朝东部的少数民族）的威胁，忙着调兵遣将，准备彻底征服东夷。

**商的问题**

纣王其实是个颇有作为的君主，不过他也有两个致命的弱点。

首先是好大喜功。很多明眼人都看得出来，商朝的心腹大患不是东面的东夷，而是西面的周国，但是纣王却偏偏要调集大军去征服东夷。

纣王登上王位后，他的叔叔比干作为朝廷重臣，决心忠心耿耿地辅佐他。比干劝纣王要勤政爱民，不要动不动就打仗，这样既劳民伤财，又不利于长治久安。纣王很不高兴，心想："小时候你这样说，我还能接受。现在我都成人了，你还这样说，就是眼中没有我这个王了。"纣王一生气，就把自己的叔叔比干杀了。

这是纣王的第二个致命弱点——不明是非，杀死对自己和国家有用的大臣。纣王不仅杀了比干，还把自己的另一个叔叔箕子关到了大牢里。他的第三个叔叔微子害怕了，觉得自己留在朝歌很不安全，于是偷偷溜出国都，投奔了姬发。效仿微子的，还有一些其他比较正直、能干的大臣。对于这些大臣的到来，姬发自然是举双手欢迎。

这些来到周国的大人物，不仅让周国更加繁荣富强，还带来了许多商朝的第一手绝密信息。通过这些信息，姬发知道了纣王正准备对付东夷，此刻朝歌兵力空虚。再有，纣王腻宠美人妲己，已经到了天怒人怨的地步。

妲己是纣王征服有苏氏的战利品。妲己长得很漂亮，纣王很宠爱她，想方设法让她高兴。妲己喜欢歌舞，纣王就命令宫廷乐师为她演奏音乐；妲己喜欢吃喝玩乐，纣王就为她准备了"酒池肉林"；更为过分的是，妲己喜欢看到犯人受刑，纣王就滥用残酷的"炮烙之刑"。

商纣王与宠妃妲己

**小链接：**

炮烙之刑：炮烙之刑据传是商纣王发明的一种酷刑。具体的行刑过程有两种说法：其一是用炭火烧红铜柱后，命令犯人在铜柱上爬行，犯人往往会掉下铜柱，葬身炭火中；其二是在类似棋盘的铜格下烧炭，让犯人在铜格上行走，犯人也会掉下来被炭火烧死。

姬发得知纣王的这些情况后，就问姜尚："现在我们是不是可以讨伐纣王了？"

姜尚说："恭喜大王，现在确实是我们攻占朝歌的好时机。请大王发令，邀请我们的盟友一起向纣王宣战吧。"

当时周国和盟国的军事实力不足以对抗在东方讨伐东夷的商军主力。如果商军主力撤回来增援朝歌，那么周国就有可能被商朝灭掉。姬发和他的左膀右臂——姜尚和周公旦，接连召开了多次军事会议。

姜尚指出周国最主要的敌人是时间。周军要和时间赛跑。如果在商军主力回防增援前打下朝歌，那么就能让对方的军心瓦解；如果商军主力回师增援，周军还没有打下朝歌，那么周国就凶多吉少了。因此姜尚提议，要告知天下，这场战争是反抗商朝暴政的"正义之战"。

姬发采纳了姜尚的提议，决定以"正义之战"的名义号召盟友组成联军。趁商军主力还在东方远征，无法回师增援之际，派出周国和盟军的精锐部队，直插商朝腹地，速战速决，击败守军，一举占领朝歌，推翻商朝。

**战前动员**

公元前一〇四六年一月二十六日，姬发亲自率领300辆兵车、3000名精锐武士以及4.5万名步兵，浩浩荡荡地向朝歌进军。二月二十一日，周军来到了黄河南岸的孟津。孟津是姬发与盟友会合的地方。很快，周国的盟军纷纷赶到。这样一来，联军更为强大。

可是天公不作美，姬发和盟军首领还没有开完军事会议，忽然下起了瓢泼大雨。如果等雨停了再进发，就可能贻误战机；如果冒雨进击，很可能会降低部队的战斗力，实在是让人左右为难。最后，经过深思熟虑，姬发还是说服了盟友冒雨出击。姬发将自己的精锐部队作为先锋，由姜尚指挥；余下的军士组成方阵，作为预备队。将士们冒雨强渡黄河，像利刃一般插向了朝歌，直至行进到距离朝歌只有70里的牧野（今河南淇县西南）才安营扎寨。

当纣王得知联军突然发动进攻的消息时，惊得连酒杯都端不稳了。周军有备而来，而朝歌的防卫力量却明显不足，这个仗不好打啊。想来想去，纣王只能孤注一掷，命令手下将大批奴隶武装起来，在嫡系卫队的监视下迎战周军。

纣王想靠人数众多的奴隶在场面上唬住周军。即使战斗力抵不过周军，但至少可以拖延周军的进攻。只要能够坚守一段时间，那么商军的精锐部队就能赶回来增援。商军主力部队一到，周军的攻势也就被瓦解了。

纣王的第一个想法的确实现了。当联军的将士看到匆匆赶到牧野的70万商军时，不免心生怯意。黑压压的商军像海洋一样，飘扬的旗帜如森林一般，人数显然远远多于联军。不是说商军的主力在东边吗？那这些军队是从哪里冒出来的？面对人数具有压倒性优势的对手，疲惫的联军将士中有些人失去了信心，畏敌和恐惧的情绪在军中蔓延开来。

怎么办？这可急坏了姬发。这次无论如何他都不会再像两年前那样退兵了。他找来姜尚和周公旦商议眼下的情况。周公旦提出，不管两军交战后的结果如何，现在首先要提振士气。要告诉将士们商纣王是如何的腐败荒淫、凶恶残暴，不把这个暴君赶下台，天理难容。于是周公旦大笔一挥，写下了著名的《牧誓》。

**周公旦为战前动员写下《牧誓》**

第二天凌晨，姬发集合部队，宣读了这篇誓言，大致内容如下："俗话说，母鸡代替公鸡在早晨打鸣，这是反常的现象，是不幸的预兆。现在纣王被一个妇人蒙蔽，废弃了祖宗的律法。他疏远自己的王族兄弟，重用坏人和罪犯，搞得商朝乌烟瘴气，人民没有一天好日子过。今天，我们聚集在这里，是在替天行道，执行上天的惩罚！……战士们，你们的使命是如此的崇高，让我们一起努力，推翻残暴的商纣王吧！"

激昂的誓言让联军将士热血沸腾，也唤起了他们的杀敌斗志。姜尚高呼："我将身先士卒，率领你们冲入敌营。我要为大王将这股豪气延续下去，直到打开朝歌的城门！"

## 牧野决战

公元前一〇四六年二月二十七日凌晨，当东方天空出现一抹红霞时，商军和周军的惊天之战就要打响了。朝阳似乎不愿看到这么惨烈的景象，迟迟不愿意露出头来。时间一分一秒地过去，决一死战的时刻到了。姬发令旗一挥，姜尚率领先锋部队，开始冲击商军的阵地。

姜尚和将士们已经将生死置之度外，眼中只有敌人。他们像猛虎投林，像蛟龙入水，势不可当地冲入了敌阵。牧野广阔的大地上，数十辆战车如离弦之箭，快速逼近商军阵地。商军弓箭手开始放箭。几匹战马倒下了，它们在血泊中悲鸣着。又有几辆战车倾翻了，车里的战士也受了重伤。商军的箭矢虽然给周军带来一些损失，但大部分战车都冲过了箭雨，直捣商军阵地。

**牧野之战古战场，位于今河南淇县西南**

商军那些临时征募的奴隶们哪里见过这样的阵势。当他们看到四周遍布着被周军砍杀的同伴的尸体，看到周军血迹斑斑的铠甲上狰狞的兽头时，早已斗志全无，不由自主地往后退却。后面的督军挥舞着刀斧，逼迫他们迎战周军。

奴隶们很快就明白过来了，他们只是牺牲品。纣王让他们拿起刀枪，其实只是为了用他们的血肉之躯来抵挡周军的剑戟，用他们的死换得苟延残喘的时间。

姜尚率领的周军精锐部队像一条长龙，左突右杀，勇猛无比。在姜尚的猛攻下，商军的阵脚已经不稳了，出现了松动和缺口。姬发看到姜尚已经撼动了敌阵，赶紧下令让旗手挥舞军旗，让鼓手擂起战鼓。最后，他亲自率领大部队发起了总攻。

由奴隶组成的商军虽然人数上占有优势，可只要轻轻一击，马上就会溃不成军。成千上万被迫参战的奴隶本来就没有斗志，遇到强敌自然就哭爹喊娘，四下溃散了。为了阻止奴隶们溃逃，商军的督军疯狂地砍杀着后退的奴隶。督军的残暴激起了奴隶们的愤怒，他们呼号着："为什么要替商王卖命？和他们拼了！横竖都是死，不如跟这个可恶的商王一起同归于尽吧！"奴隶们纷纷倒戈，成了周军的开路先锋。

凶残的督军根本压不住阵脚，倒戈的奴隶们像潮水一样地冲击着他们。奴隶们的身后，周军像更高的浪头扑天而来，这排山倒海般的势头，还有谁能阻挡得住呢？

亲随们告诉纣王大势已去，再不逃走就来不及了。

这时，太阳才冉冉升起。朝阳照见的不只是纣王仓皇奔逃的背影，也让人看清楚了商王朝的摇摇欲坠。谁也没有预料到，这场大战在短短的几个小时里就结束了。

**最后的结局**

公元前一〇四六年二月二十七日，夕阳西下，漫天红霞。纣王狼狈万分地逃回了朝歌。朝歌百姓已经知道了纣王惨败的消息，人们都闭门不出，朝歌仿佛变成了一座死城。妲己已经自杀，侍卫宫女们也逃跑了，宫里到处是衰败的景象。心灰意冷的纣王穿上缀满宝石的衣服，登上鹿台，自焚而死。

**牧野之战**

获胜的姬发进入了朝歌。朝歌的老百姓烧好了开水，煮好了饭，斟满了美酒，夹道欢迎入城的周军。周公旦奏请姬发说："我们发起的是正义的战争。纣王已经受到惩罚，人们的生活不应该受到影响。朝歌的殷人可以继续住在原来的宅子里，在原来的土地上耕种。我们还要广纳有影响、有仁德的人，争取他们的支持。"

姬发接受了周公旦的建议，释放了箕子等人，废除了纣王的暴政，周朝顺利地取代了商朝。

鹿台岗遗址，位于今河南淇县

**小链接：**

鹿台：鹿台规模宏大，有亭台楼阁，园林池沼，经过七年才建造而成。纣王建造鹿台有两个目的：一是作为堆放财宝的地方；二是讨好妲己，让她有游玩的地方。建造鹿台劳民伤财，天下怨声载道，为商朝的灭亡敲响了丧钟。

**知识拓展：**

①姜尚

生卒年不详，又名姜子牙，姜姓，吕氏，名尚，一名望，字子牙，东海上（今山东省莒县东吕乡）人。商周之际杰出的韬略家、军事家与政治家，也是周文王和周武王的主要谋士。此外，民间还流传着"姜子牙钓鱼——愿者上钩"的歇后语。

## 第二章　长勺之战

### 长勺之战

【战役名称】长勺之战
【交战时间】公元前684年
【交战地点】长勺（今山东莱芜）
【交战方】鲁军vs齐军
【参战方力量对比】不详。
【伤亡情况】不详。
【战役结果】鲁军获胜，齐军被逐出鲁国。
【历史意义】是中国战争史上后发制人的经典战役。

　　长勺之战发生在春秋时期的齐国和鲁国之间。当时齐国强，鲁国弱，之前两国的几次交战都是鲁国失败。在长勺之战中，齐国原想要一举灭亡鲁国，鲁国被迫倾全国之力以避免亡国的厄运。最后，鲁国竟能以弱胜强、以少胜多，打败了齐国。在中国古代战争史中，长勺之战是后发制人的经典战役。

**齐桓公心中的"痛"**

长勺之战源于春秋时期齐国一场残酷的内乱。由于齐僖公对侄子公孙无知与自己的儿子诸儿一视同仁，引起诸儿的强烈不满。诸儿继位为齐襄公后，寻找各种机会排挤打压公孙无知。受到排挤的公孙无知非常愤懑，于是勾结大夫连称、管至父等人谋害了齐襄公，自立为齐国国君。

这种名不正言不顺的篡位激起齐国民众的反对。公孙无知王位没坐几天，就被大臣杀了。此后齐国的贵族分成两派，各自拥戴流亡在外的公子小白和公子纠。一番争夺之后，小白抢到了王位，成为了齐桓公。

公子纠为了保全性命，匆忙逃出齐国，躲到了鲁国避难。为什么公子纠要跑到鲁国去避难呢？原因很简单，因为他的母亲是鲁国的公主。鲁国当时的国君是鲁庄公，他当然希望齐国的君主是"自家人"。因此鲁庄公不仅庇护公子纠，还积极支持他争夺齐国国君的位子。

鲁庄公亲自率领大军护送公子纠回国向齐桓公讨个说法，这明摆着是要借助武力，帮助公子纠夺权。齐桓公与鲍叔牙等重臣赶紧商量对策，最后决定与鲁国开战。双方各以500辆兵车投入战斗，结果齐军获得了胜利。鲁庄公迫于齐国的压力，处死了公子纠。

处死了公子纠，从表面上看，齐鲁之间的矛盾似乎得到了缓解。但是，无论是齐桓公还是鲁庄公都心知肚明，事情远未结束。齐桓公在外流亡多年，历经千辛万苦，至死也忘不了与公子纠争位时的惊心动魄，况且两国还刚刚经历了一场大战。

齐桓公视鲁国为他的眼中钉、肉中刺，不将它灭掉，死也不会瞑目的。

面对虎视眈眈的齐桓公，鲁庄公也是夜不成眠。他知道这场战争迟早都要打响，齐国的大军随时都会进攻。鲁庄公不敢大意，他抓紧时间训练军队，赶制各种兵器，并广派探子，严密打探齐军的动向。为了减少国内的矛盾，引导臣民一致对外，鲁庄公在政策上也采取了安抚民心的策略，处处为民众着想，也因此得到了百姓们的拥戴。

双方都在厉兵秣马、摩拳擦掌。战争似阴云密布、狂风嘶吼的暴风雨，顷刻就要降临。

### 曹刿觐见鲁庄公

公元前684年春天，齐桓公觉得自己在国内的统治已趋于稳固，齐国的国力也有了显著的增强，是到了清算旧账的时候了，于是决定讨伐鲁国。虽然管仲已经意识到这是个不明智的行为，但又怎能阻止早已铁了心的齐桓公呢。

鲁庄公最担心的事就要发生了。齐国大军刚刚开始集结，他就得到了齐国即将进攻鲁国的探报。鲁庄公心想：看来这场仗是躲不掉了，那就见个分晓吧。于是，鲁庄公下令集合全国兵力，誓与齐军决一死战。

就在鲁庄公为大战做准备的时候，有一位名叫曹刿①的人前来求见。

**曹刿觐见鲁庄公**

鲁庄公很好奇，问曹刿："您能给我什么好的建议呢？"曹刿说："我来见大王之前，有人劝我，说齐国侵犯鲁国是国家大事，自然会有那些大人物来处理，让我就别操这份闲心了。"鲁庄公赶忙说："国家存亡，每个人都有责任。当政大臣固然责任重大，可普通百姓也不能袖手旁观啊。"曹刿说："大王这么说，我不能完全赞同。那些贪图享受的重臣大都庸碌无能，难以替大王深谋远虑，这才是我前来拜见大王的原因。"

鲁庄公很是好奇，他问曹刿："你说我的大臣们没有能力，那你有什么本事呢？"

曹刿说："大王您刚才说，国家危急关头，每个人都有责任，这话当然是正确的。不过，我想问一下大王，您怎么才能让众人都意识到这种对国家的责任呢？"

鲁庄公思考了片刻，说："我下令全国有钱的出钱，有力的出力，所有适龄的男丁都要入伍，保家卫国，这应该就是责任吧。"

曹刿说："大王您说的只是为战争所做的准备。这些只能说明鲁国可以投入战争了，却不能说明鲁国能赢得这场战争。"

曹刿的这句话触动了鲁庄公。他心想：看来我和大臣们考虑得确实不够深远啊。我们只是被动地参战，却从来没有想过如何主动地打赢这场战争。

鲁庄公赶紧问曹刿："请问先生有何高见？"

曹刿于是说："我想请问大王，我们鲁国拿什么来同齐国作战？"

鲁庄公说："衣物食品我不敢独自享用，总要分给臣下。君臣一心，可以与齐国一战了吧？"

曹刿说："君主的小恩小惠只能惠及大臣，而不能让全国民众受益。这是两国之间的战争，民众是不会轻易出力的。"

鲁庄公又说："我虔诚侍奉神灵，对神灵的祭品从来不敢虚报，很守信用，神灵肯定会保佑鲁国的，这下可以一战了吧？"

曹刿说："大王对神灵守信，但指望用这个来感动神灵是靠不住的。齐桓公也是个信奉神灵的人，谁也不能确定神灵会保佑您打胜仗。"

鲁庄公实在想不出来别的了，于是说："民众的案情，我虽然不能做到每一件都明察秋毫，但一定不会草率处理，尽量公平合理。"

曹刿这时才说："大王这才是尽到了作为君主的责任，为民众办了实事好事。君主为民众尽责，民众自然也会为君主和国家尽责。有了这样的基础，鲁国就有资格与齐国一决胜负了。"

鲁庄公听了很高兴，说："先生真是帮我指点迷津了。这场战争，我是听了先生的分析，才更加坚定了获胜的信心。"

曹刿说："这只是解决了士气的问题。一场师出有名的战争会激发将士们的斗志。可是战争充满了变数，任何微小的失误都可能导致战局的变化。我恳请大王允许我与您一起奔赴战场，我会竭力辅佐大王您获胜。"

鲁庄公对曹刿充满了信任，他欣然答应了曹刿的请求。鲁庄公让曹刿和自己同乘一辆兵车奔赴战场。

长勺之战古战场，位于今山东莱芜市东北

**曹刿的心理战击败了齐国大军**

兵强马壮的齐国大军来势汹汹，恨不得一口把鲁国吞下。鲁庄公采取的策略则是避其锋芒，伺机再战。他将鲁军撤到了长勺（今山东莱芜市东北）这个进可攻、退可守的地方。

双方刚摆好阵势，齐军就快速发动了第一次攻击。齐军的战鼓声震天动地，激励齐军将士抖擞精神，呐喊着如潮水般杀向鲁军的战阵。鲁庄公看到齐军已经逼近，刚要下令擂鼓迎敌，身边的曹刿却阻止了他。

曹刿说："现在齐军的势头很猛，我军如果这时出击，就好像把羊送到老虎嘴边一样，请再等一等。"

鲁庄公于是下令：鲁军将士不要理会齐军的挑战。如果齐军逼近，就用弓箭阻挡他们。齐军碍于鲁军阵地地势险要，又饱尝了箭雨，前进不得，只好撤退了。齐军的第一次冲锋无功而返。经过短暂休整之后，齐军又发动了第二轮进攻。这一次，齐军的鼓声和士兵的呐喊声已经不像上一轮进攻那样凶悍威武了。曹刿告诉鲁庄公，鲁军依然不要迎战，继续坚守阵地。同第一轮的进攻一样，齐军的攻势毫无进展，只能再次退回。

齐军连续两次发动进攻，鲁军都躲在自己的阵地里不出来。齐军将士都认为鲁军是被齐军的攻势震慑住了，所以不敢应战，于是决定发动第三轮进攻。通过前面两轮的进攻，齐军将士认定鲁军这次仍然不敢迎战，士兵们原本绷紧的神经松弛了下来，队列变得松松垮垮，战阵也不再整齐，将领们也放松了警惕，连鼓手擂出的鼓声也不像前两次那么有气势了。

曹刿看到了齐军的懈怠，认为出击的时机成熟了，建议鲁庄公下令迎头痛击齐军。鲁庄公亲自擂起战鼓发令进攻。早就摩拳擦掌、憋了一肚子火的鲁军将士听到出击的鼓声后，个个如猛虎下山，呼号着奋勇出击，其势锐不可当。

齐军对鲁军的突然攻击没有一点儿准备，瞬间就被打懵了，战阵被鲁军冲得七零八落。面对着凶神恶煞般的鲁军，齐军士兵只恨自己少生了两条腿，像潮水一样溃退了。

看着溃败的齐军，鲁庄公不解地问曹刿："为什么前两次不下令出击，而到了第三次却可以了呢？"

**鲁庄公亲自擂起战鼓发起进攻**

　　曹刿回答说："两军相逢勇者胜。打仗靠的是勇气和士气。齐军第一轮攻击的时候，士气旺盛，我们这个时候跟他们交战，容易吃亏；第二轮的士气就没有第一轮那么高了；第三轮时，对手已经被我们麻痹了，士气开始懈怠，对我们放松了警惕，此时正是我们等待已久的进攻齐军的好时机。"

　　看到鲁军攻势顺利，正在兴头上的鲁庄公命令将士们不要停下脚步，全力追击溃逃的齐军。可曹刿担心会中了齐军的埋伏，于是让鲁庄公下令停止进攻，就地等待命令。

**齐军全线溃败的景象**

鲁庄公又不解了。曹刿耐心地解释："齐国是大国、强国，将广兵强，现在被我们迎头痛击，他们在撤退途中很可能设下了埋伏。我们不能贸然追击，搞不好就会落进他们的陷阱。"

曹刿爬到兵车的横梁上，登高观察齐军战阵的情形。他发现溃逃的齐军旌旗歪斜，士兵们的武器不是拿在手里，而是拖在地上，根本没有作战或抵抗的意思。他跳下兵车，又俯身仔细查看地上的车辙印迹，发现齐军的车辙印迹混乱不堪，找不到任何规律。

曹刿心里有数了，他胸有成竹地对鲁庄公说："齐军是真的吃了败仗，现在大王可以命令将士们放胆追击了。"

古代中国著名战役 23

随着鲁庄公一声令下，鲁军开始穷追猛打，没有给齐军丝毫喘息的机会。齐军士兵为了能逃命，丢弃了大量的武器和辎重，这些也都成了鲁军的战利品。

　　长勺之战，鲁军打败了入侵的齐军。鲁国获胜之后，综合国力也随之增强，再也不是任人欺负的小国了。

**知识拓展：**

①曹刿

　　生卒年不详，春秋时期鲁国大夫，我国古代著名军事理论家。

# 第三章　城濮之战

## 城濮之战

【战役名称】城濮之战
【交战时间】公元前632年
【交战地点】城濮（今山东鄄城西南）
【交战方】晋军vs楚军
【参战方力量对比】晋军：兵车700辆；楚军：不详。
【伤亡情况】晋军：不详；楚军：被俘100辆兵车，1000名士兵。
【战役结果】晋军胜。
【历史意义】城濮之战是中国历史上最早有详细记载的战役，也是诱敌深入战术的典范。

城濮之战发生在春秋时期的晋国和楚国之间。在中国古代战争史上，城濮之战是最早有详细记载的一次战争。晋军采用诱敌深入的战术，打败了强大的楚军，从而确立了晋国的霸主地位，晋文公也因此成为"春秋五霸"[①]之一。

**宋国成为了火药桶**

春秋时期，齐国和楚国争霸多年。齐国衰落之后，宋国的宋襄公也想称霸，宋国和楚国之间的关系开始紧张，并最终导致了一次大战。宋国被打败后，除了割地求和外，还须向楚国年年进贡，成了楚国的附属国。楚国的势力范围大大扩展，郑、许、陈、蔡、鲁、卫、曹等小国都依附了楚国。楚成王也是信心满满，想要成为新一代霸主。

晋国曾经发生过一连串的内乱，但是在公子重耳结束流亡、回到晋国成为晋文公后，通过一系列措施使晋国的国力大增，足以和楚国抗衡。晋文公是一个有抱负的君主，他也渴望争夺中原霸权。

公元前634年，宋成公决定背弃楚国，与晋国结盟。这里面有两个原因：第一，宋襄公当年之所以屈辱死去，楚宋泓之战完败是主要原因，宋国与楚国的旧恨未消；第二，晋国现在势力大，当年宋襄公在重耳流亡时曾经善待过他，宋国与晋国有交情。在这样的背景下，宋国的举动也就能够理解了。可是，楚成王显然不乐意了，这不是公然挑衅楚国的大国地位吗？于是，楚成王命令令尹子玉、司马子西率领大军讨伐宋国（令尹、司马是官名）。

宋成公害怕了，赶紧派人向晋国求援。

晋国的大臣先轸说："宋襄公对国君有恩，这是报恩的机会；宋国是我们的盟国，它遇到危难我们一定要伸出援手；大王

**先轸向晋文公谏言，支持派兵救宋**

要提升自己的威望，确立自己的霸业，这是天赐良机。"

晋文公觉得先轸说得很有道理，于是决定派出军队援救宋国，从而拉开了晋、楚城濮之战的序幕。

### 晋国的策略

晋国君臣非常重视这次军事行动，他们分析了战场形势，认为楚国现在集中兵力猛攻宋国，晋国如果直接出兵援宋，即使晋国和宋国两国的兵力加起来，与楚国相比也不占优势。

由于曹国依附于楚国，卫国也刚和楚国通婚，如果晋国讨伐曹、卫，那么楚国一定不会坐视不理。如果楚军来救曹、卫，那么不仅宋国之围能解，晋军还能以逸待劳迎战楚军，胜算就更大了。

晋文公觉得这个策略不错，于是决定不直接救宋，转而攻打曹、卫两国。公元前632年春天，晋国出动兵车700辆，兵分三路攻打曹国。晋国派出使臣跟卫国的国君说，晋国的大军想要从卫国借道通过，卫国的君臣当然不会答应。晋国以此为理由向卫国宣战，并占领了五鹿、敛盂（位于河南濮阳东南）。

晋文公又派出特使访问齐国和秦国。晋国与齐国很快就结成了同盟。卫国的国君害怕了，请求参加同盟。晋文公说："当初向你借路，你不答应。现在你又想加入我们的同盟，这又从何说起？"卫国的国君本想向晋文公示好，却被冷冷地拒绝了，只好转过头来想亲近楚国。作为一国之君如此没有尊严和立场，像个小人般反复无常。卫国的老百姓不高兴了，他们把国君赶下了台，把卫国献给了晋国。

虽然晋军攻打曹、卫取得了丰硕的成果，可楚军依然猛攻宋国，宋国之围并没有解除。宋国又一次求救于晋文公，表示如果晋国还不出兵援助，宋国可就真的要亡国了。晋文公左右为难：如果出兵救宋，诱兵之计就无法实现；如果不出兵救宋，宋国灭亡，晋国不仅会失去一个盟国，也会被其他小国瞧不起。

面对这种情况，晋文公说："现在宋国的情况很危急。如果我们不攻楚救宋，那就彻底得罪了宋国；如果我们呼吁楚国退兵，想必楚国也不会答应；如果我们与楚国开战，齐国和秦国也不会支持我们，这可如何是好呢？"

元帅先轸说："不如劝说宋国的国君，让他不要一味依赖我们，最好送礼物给齐、秦两国，让他们出面调停，力促楚国退兵。"

晋文公说："要是齐国和秦国出面调停的话，想必楚国会借机退兵。可好不容易才等到和楚国一决雌雄的机会，难道就让它这么溜走了吗？"

先轸说："大王您想想，如果齐国和秦国出面要求楚国退兵，而楚国又不退兵的话，会出现什么情况呢？"

晋文公说："楚国如果不接受调停，那么一定会得罪齐国和秦国，这样一来，对我们就太有利了。可是，楚国不会这么不明智吧。"

先轸说："我们再烧一把火，不怕楚国不跳脚。只要我们把曹国、卫国的田地送给宋国，楚国肯定会继续围攻宋国。齐国和秦国失了面子，不仅不会反对我们同楚国开战，说不定还会和我们一起出兵攻打楚国呢！"

晋文公听了大喜，就下令把曹国和卫国的田地送给了宋国。

**谈判破裂**

形势的发展对楚国很不利。楚成王对前方将士下令说："大夫申叔，你必须从齐国撤回；令尹子玉，你也不要再围攻宋国了。"子玉很不解，不知道楚成王为什么要退兵。楚成王说："重耳在外流亡19年，最后成为晋国的君主，他什么苦头都吃过了。跟这样的人较量，千万不可以逼他太甚，一定要非常小心。"

可惜的是，令尹子玉一向很骄傲，不仅不听楚成王的告诫，还极力请战。楚成王内心是不愿与晋国开战的，但又舍不得曹国和卫国，于是就给子玉派遣了增援部队，希望他能够尽力取胜。

子玉的军力得到了补充，就派使者前往晋军军营，对晋文公说："请晋国把曹国的土地归还给曹国，让卫国的国君继续管理卫国。如果晋国这样做了，我就会解除对宋国的围攻。"

子玉的要求激怒了晋国的众臣，大臣狐偃说："这个子玉太狂妄了。他许诺给我们大王的只是解除对宋国的围攻这一件事，却要求我们大王为他做两件事。难道不能就此向他宣战吗？"

先轸说："万万不可。楚国虽然对我们大王无礼，但用一句话就安定了三个国家。如果我们不答应楚国的提议，曹国、卫国和宋国的灭亡就是我们晋国造成的，会让三国怀恨在心。楚国有三项恩惠，扮演了好人；我们有三项仇怨，扮演了小人。失去了道义，胜利就不会站在我们这边。不如私下里通知曹国和卫国，允许他们复国，来离间他们和楚国的关系；同时扣押子玉的使者来激怒他。只要子玉向我们宣战，我们就可以顺势迎战了。"

曹、卫两国在得到晋国的许诺后，果然与楚国断交了。

**退避三舍**

子玉果然中计，于是下令进攻晋军。

晋军退避三舍，以避开楚军的锋芒。军士们对此不能理解，说："我们的国君亲自统帅三军，而对方的统帅只是一个小小的臣子，避开不交锋就是耻辱。更何况楚军远道赶来已经很疲惫了，我们为什么要后退呢？"

狐偃说："楚国以前对我们的国君有恩，没有他们的帮助，也就没有今天晋国的强盛。今天两国交战，我们退避三舍就是礼让三分，这是国君当年流亡时的承诺，理应报答。现在我们的国君主动后撤，而楚国的臣下却一路紧逼，不仅晋国的士兵会为此愤怒，天下人也会为我们不平，这就是他们理亏了。理直气壮就会士气旺盛，理亏则会士气低落。"

> **小链接：**
>
> 退避三舍：晋公子重耳（就是后来的晋文公）逃亡在外时，楚王收留了他。楚王问他将来怎样报答自己。重耳说，如果将来晋楚交兵，晋军一定会"退避三舍"。"舍"是古代的长度单位，一舍相当于三十里。后来晋楚交战，晋文公果然遵守了诺言，将军队后撤了九十里。

晋军后退，部分看出端倪的楚国将军提议停止追击，可是子玉不同意。楚军就这样一路追赶晋军来到了城濮，选了一处险要的丘陵安营扎寨。

大战一触即发，此时的晋文公心里却顾虑重重。

大臣狐偃给他打气，说："打吧！打了胜仗，大王就能称霸了。万一失败了，晋国内有太行山，外有黄河天险，也足以自守。"

晋文公有天夜里梦见同楚成王打架，楚成王把他打倒在地，趴在他的身上。

大臣狐偃又解释说："这是个好梦。楚王脸朝地，这是伏罪的表现。同时上天也会帮助我们打败他的。"

狐偃的话坚定了晋文公的信心，他终于下决心同楚国决一雌雄了。

心高气傲的子玉又派来使者向晋文公下战书，战书的内容很具挑衅性，其大意如下："我的军队请求同您的士兵较量一番。您可以扶着车前的横木观战，我子玉也会陪您一起观看的。"

大臣栾枝回答说："令尹的好意我们大王心领了。楚王的恩惠我们从来没有忘记，所以才对您一再退让。然而，你们并没有因为我们的退让而见好就收。既然如此，就请您费心转告贵国将士：准备好你们的战车和武器，我们明天早晨战场上见。"

### 城濮大战

四月初六，晋军投入了700辆兵车，士兵们仔细地检查了车马装备。整装待发的晋军阵容整齐，士气高昂。因为得知国君受到了侮辱，将士们齐声高唱起出征的战歌，要为国君誓死拼命。

子玉却非常傲慢，放出狂言："今天就要将晋国从地图上抹掉!"

楚军兵分三路,子西统率左军,斗勃统率右军,子玉统率中军。晋军也兵分三路,分别由胥臣、狐毛和栾枝统率。

惨烈的战斗终于打响了。战场上鼓声隆隆,仿佛是死神的脚步声。战车卷起的尘土遮天蔽日,双方士兵拼命厮杀着,冲锋的呼喊声、兵器的撞击声、伤者的呻吟声不绝于耳,空气中弥漫着血腥的味道。双方都已经杀红了眼。

晋将胥臣率领的兵车、战马都蒙上了虎皮,看上去十分吓人。胥臣首先攻击右路的陈、蔡联军。陈、蔡联军看到晋军的战马后都吓坏了,士兵们放弃了抵抗四处逃窜,楚国的右军就这样迅速溃败了。

晋将狐毛还没有和楚军交战就慌忙撤退了。楚军不知是计,遂集中优势兵力转而扑向晋将栾枝率领的部队。栾枝将兵车尾部绑上树枝佯装败退,所过之处尘土飞扬,使楚军将士难以看清战场的情势。子西果然中计,下令全军急速追击,结果陷入了晋军的包围圈。楚军先是被晋军伏兵拦腰冲散,接着在狐毛和狐偃的合力夹击下溃不成军。

只有子玉统帅的中军因察觉得早,及时停止了追击,才侥幸没有受到太大的损失。

子玉见左右两军大势已去,无奈之下只得率领残部退回了楚国。晋军占领了楚军营地,缴获大批辎重装备,还用楚军的粮食举行宴会,犒劳三军将士,部队休整了三天。

传说子玉有一套用美玉装饰的马鞍,价值连城。楚晋交战之

城濮之战的壮烈场面

前，子玉梦见河神对自己说："把你的马鞍送给我吧！作为交换，我会让你得到宋国孟诸的土地。"但子玉却舍不得。

大夫荣黄曾劝子玉："如果对国家有利，即使付出生命也不足惜，何况是美玉马鞍！如果舍弃它能够帮助军队得胜，您有什么可吝惜的？"

可子玉还是舍不得。

荣黄感叹说："不是河神不保佑令尹，而是令尹不肯为楚国的国君和民众尽力，打败仗也就不足为奇了。"

楚军战败后，楚成王派出使臣对子玉说："如果你回楚国来，有何面目面对申、息两地的父老乡亲们呢？"子玉听到后被迫自杀。

晋文公听到子玉自杀的消息后高兴坏了，他说："今后再没有人让我睡不着觉了！楚国的现任令尹只知道保全自己，完全不会为楚国的老百姓着想。"

**获胜之后**

晋军获胜后班师回国途中，在践土（今河南境内）为周襄王建造了一座行宫。

晋文公把战利品献给了周襄王，包括由四匹披甲战马拉的兵车100辆和俘虏1000人。周襄王用甜酒款待晋文公，推举他为诸侯首领、中原霸主，并表示晋文公"恭敬地服从周天子的命令。他还要协助安抚四方诸侯，纠察惩治不服从周天子的人"。周襄王还回赠给晋文公整套的仪仗服饰，一把红色的弓，100支红色的箭等，另外还有300名勇士。

后来，诸侯们订立盟约，立下誓词，共同尊奉晋文公为新的霸主。

**知识拓展：**

①春秋五霸

指春秋时期的齐桓公、宋襄公、晋文公、秦穆公和楚庄王五位君主。

## 第四章　长平之战

### 长平之战

【战役名称】长平之战
【交战时间】公元前262年—公元前260年
【交战地点】长平（今山西高平西北）
【交战方】秦军vs赵军
【参战方力量对比】秦军：不详；赵军：约45万人。
【伤亡情况】秦军：不详；赵军：约45万人。
【战役结果】秦军获胜。
【历史意义】长平之战是中国古代军事史上最早、规模最大、最彻底的围歼战。

　　长平之战发生在战国后期。当时秦国越来越强大，在军事上能与它对抗的只有赵国，秦赵之间必有一战。长平之战的惨烈，在中国古代战争史上是罕见的。战争的结果也对当时战略格局的变化产生了巨大的影响。

**战争的导火索**

秦国为了统一中国，不断地与六国交战，或夺取金银财宝，或掠得国土、城池。通过战争，秦国的疆域不断扩大，国力也显著增强。韩国与秦国是邻国，经常遭到秦国的侵略。韩国拿这个恶邻毫无办法，对秦国是既恨又怕。

公元前262年，秦军攻打韩国的野王（今河南沁阳）。野王是战略要地，秦军如攻下野王，相当于把韩国拦腰截断，韩国的重镇上党（今山西沁河以东一带）就成了一座孤城。秦国这样做的目的显然是想夺取物产丰饶、地势险要的上党，因为自古以来就有"得到上党，就能控制整个中原"的说法。

韩王左右为难，如果派兵援救上党，就会陷入秦军的包围圈，而更坏的结果是，还会进一步激怒秦国。如果放弃上党，又会引发国内民众的抗议。打也打不过，守又守不住，韩王甚至想既然都到这个地步了，不如干脆把上党献给秦国算了。韩王打算通过这种方式求得秦国暂时放过韩国，让自己过上几天安宁的日子。

韩王的打算遭到了一些人的反对。上党的地方官名叫冯亭[1]，他和手下人商量说："秦军已经切断了我们与韩国的联系，他们每天都在逼近，很快就会到达这里，到时候我们肯定守不住，一定会死伤无数。"

上党的官员们个个眉头紧锁，难过得说不出话来。

**冯亭与将士们商议战事**

冯亭继续说："韩国国家小，实力弱，不足以应付贪婪残暴的秦国。现在能对抗秦国的只有赵国，可是他们又一心只顾自己，不会管这些闲事。如果我们将上党送给赵国，赵王肯定不会拒绝。秦国当然不愿意自己辛苦作战，却让赵国白白得到这么大的好处。以秦王的性格，他一定会攻打赵国。而赵国为了对抗秦国，肯定会和韩国结盟。韩、赵两国如果联手，就不会惧怕秦国了。"

冯亭的建议得到了众人的支持。于是冯亭自作主张，派遣使者前往赵国的首都邯郸，对赵王说："秦军攻势很猛，我们一定守不住上党。我们的国君已经决定将上党割让给秦国，但是上党的老百姓都不愿成为秦国人，更愿意成为赵国人。上党地区共有17座城池，只要赵王保护我们不受秦国人的侵略，它们就是赵国的了。"

赵王高兴坏了，专门召集大臣们开会讨论。

大臣赵豹说："没有帮别人什么忙，却得到这么大的礼物，一定会惹来大麻烦的。"

赵王不相信，觉得上党主动归顺赵国，是因为自己的英明伟大。

赵豹进一步说明自己的担心："秦国费了这么大力气，得不到上党是不会甘心的。韩国这个时候把上党献给我们，是想把战火引到赵国来。上党看上去是一块肥肉，但也是一个大麻烦，最好不要接受。"

但是，平原君赵胜支持赵王。赵王最后拍板，派遣平原君作为特使，前去接收上党。同时，赵国为了防止秦国攻打自己，派大将军廉颇驻守长平（今山西高平西北），扼守赵国的西部屏障。

赵国的行为激怒了秦国，秦国派出大军围攻长平。就这样，中国古代战争史上最为残酷的一场战争拉开了帷幕。长平之战可以分为两个阶段，前期是相持阶段，后期赵国迅速落败。

**廉颇的策略**

秦国攻打野王，目的是切断上党与韩国本土的联系，最后夺取上党。现在眼看着煮熟的鸭子飞到了赵王的餐桌上，上党转眼成为赵国的领土，秦王的鼻子都要气歪了，他立即派遣大将王龁率兵攻打上党。驻守上党的赵国守军打不过秦军，无奈之下退守长平。

赵王立即派名将廉颇率领赵军主力驰援长平。赵王对廉颇说："秦国太欺负人啦，竟然打到了长平，他以为赵国是软柿子吗？你这次的任务有两个：第一个是打退攻打长平的秦军；第二个是寻找机会再把上党给我夺回来。"廉颇是赵王倚重的大将，他以国家社稷为重，向蔺相如负荆请罪的举动更是传为佳话。

赵王舍不得上党的心情可以理解，可廉颇却很清楚，秦军不是那么容易对付的。他接防长平之后，充分利用有利地势修筑巩固防线。面对秦军一次又一次的挑战，他都采取了以守为主的策略，让秦军前进不了半步。秦军虽然实力占优，但面对这样的局面却毫无办法。就这样，秦赵战争进入了相持阶段。一转眼三年过去了，面对庞大的军事开支，秦国和赵国都开始感到巨大的压力。

秦王责问前线的主将王龁："一个小小的长平，你花了三年时间都攻不下来。你是想让我继续对你失望下去吗？"

**长平之战古战场,位于今山西高平西北**

王龁吓出了一身的冷汗,赶紧给秦王上了一道长长的奏议。他承认了自己的无能,同时向秦王求援:"这个廉颇不仅打仗勇敢,而且很狡猾。他坚守不出,我们强行攻打伤亡很大,却不能前进一步。如果我们能够想到一个办法将廉颇调走,换个守将来,拿下长平就很简单了。"

秦王召集大臣们开会,征询他们的意见和看法,很快就得出了一个可行的计划。计划分为两部分:一方面,他们借赵国派出使者到秦国议和的机会,非常隆重殷勤地招待他们,向各国散布秦、赵和解的假象，瓦解了赵国联合其他国家共同对抗秦国的机会；另一方面，他们又采用离间计，向赵王的宠臣行贿，寻找各种机会破坏赵王对廉颇的信任。他们还雇佣了很多奸细，在邯郸城里散布流言，说："廉颇无能，在秦军面前胆小如鼠，不可能打胜仗。""廉颇为什么从来不主动出击，是因为他早就打算投降了。秦军和廉颇打的是一场默契仗。在赵将里面，秦国最害怕的只有赵括。""廉颇怕死，哪里比得上出身名门、年轻有为的赵括！"等等。

赵王将信将疑，就派使者去前线对廉颇说："将军一直以勇敢闻名，现在为什么只防守，不进攻呢？"其他的将领都劝廉颇："将军，我们跟秦军拼了吧。再这样下去，大王肯定会怀疑将军，对将军不利。"廉颇说："我怎么能为了洗刷自己的冤屈，去牺牲无数将士和整个国家的利益呢？"因为有这种想法，廉颇违抗了赵王的命令，始终没有冒险出击。

赵王很不高兴，对廉颇的猜忌加重了，终于做出了最错误的决定。他临阵换将，用秦国"害怕"的赵括替换了没有什么"作为"的廉颇。廉颇虽然失落，但还是交代前线的将领要好好辅佐赵括。他还给赵括留下了锦囊妙计，希望赵括能够继续自己的防守策略，不要冒险进攻。这个时候，相持对于赵国来说就是胜利。

**小链接：**

负荆请罪：廉颇是赵国著名的武将，蔺相如是赵国的文臣，两人是赵王的左膀右臂。廉颇曾经嫉妒蔺相如，经常说些不恭敬的话，蔺相如为了赵国的利益一直忍让。廉颇后来意识到了自己的错误，就背上荆条到蔺相如家里向他真诚地道歉，后来两人成为生死之交。

**纸上谈兵的赵括**

赵括是赵国名将赵奢的儿子。他作为名门之后，从小就熟读兵书。据说父子两个谈论兵法，赵括引经据典，出口成章，赵奢都比不上他。赵括因此很得意，但是赵奢却很担心，自己的儿子虽然说起兵法来头头是道，可没有实战经验，只会纸上谈兵。赵奢去世前对赵王说："千万不能起用赵括为将，否则会对赵国不利。"赵奢也知道赵括名声在外，赵王肯定会起用他，于是对自己的妻子说："如果赵王坚决要起用赵括，你一定要劝阻赵王。即使赵王不听，以后出了事，你也不会受到牵连。"

公元前260年，赵王任命赵括为将时，遭到了赵括母亲的坚决反对，说赵括没有实战经验，缺乏实际指挥能力，绝不能担此重任。但赵王固执己见，依然坚持对赵括的任命。赵王也不想想，一个人如果真有能耐，他的父亲和母亲怎么会率先反对呢？

所以说，赵王任命赵括接替廉颇，就已经埋下了惨败的祸根了。

年轻气盛的赵括上任后，不仅对廉颇的策略不满，还更换了大批将领。这些被换下来的将领都是跟随廉颇作战多年的老将，熟知秦军的实力和战场的格局；而重新提拔的人都是希望打仗，并梦想着一战成名的将领。赵军里面，主张冒险出击的主战派占据了绝对的优势，弥漫着一股好战的风潮。赵括改变了廉颇的防御战略，积极备战，想要一举夺回上党。

秦国听说赵军进行人事调整后，正中下怀，立刻做出相应的调整。秦国不仅向长平增派了军队，还秘密地让战神白起[2]前往前线取代王龁。秦王将白起的调动作为国家最高军事机密，下令说："如果谁泄露了这个消息，就是犯下了死罪。"

两个不同的换人决定，使秦军的士气和战斗力大为提高，却给赵军埋下了危机。白起到任后，知道赵括没有实战经验，既求胜心切，又鲁莽轻敌。摸清了赵括的这些弱点后，他制定了诱敌深入、分而歼之的战术，坐等着赵括掉入包围圈。

**小链接：**

纸上谈兵：赵括年轻时学习兵法，谈起兵法头头是道，连他的父亲赵奢也难不倒他。后来赵括顶替廉颇，在长平之战中死守兵书，不知道根据实际情况灵活变通，结果被秦军打败，全军覆没。这个成语说明空谈理论的危害。"纸上谈兵"是对赵括最好的写照。

**纸上谈兵的赵括**

## 一边倒的局势

公元前二六〇年八月,赵括率赵军主力向秦军发起了反击,他没料到秦军已经布好了口袋阵,就等着他去钻。赵括首先遇到的是王龁的部队。在白起的部署里,王龁出任的是先锋。白起给他的命令是只能打败不能打胜，为的就是引诱赵括追击，进入"口袋"。

王龁的部队与赵括的军队刚一相遇，混战了片刻，王龁就假装抵挡不住，命令军队撤退。撤退时秦军哭爹喊娘，悲号着："赵将军名不虚传，真是厉害啊！"看到溃散的秦军，再加上手下将领的奉承，赵括很快就飘飘然了，以为胜利在即，于是对将士们说："我们乘胜追击，争取今天就收回上党，到时候我们在上党喝庆功酒。"

鲁莽的赵括根本不知道秦军的虚实，就命令全军出动，追击秦军。赵括被王龁牵着鼻子掉入了秦军的口袋阵。白起看到赵括进入了一条狭长的山谷里，这是秦军精心布置的包围圈，立即派出精锐部队封住了山口，截断了赵括军队与长平大本营之间的联系。随后，白起命令秦军打出自己的旗号。赵军没有想到这次与自己作战的不是王龁，而是名将白起。40多万赵军前后被死死封堵，两侧是险峻的高山，在强敌的包围下求生无望，士气极度低落。赵括虽然组织了几次突围，但都没有成功。

秦王听到赵军已被包围的消息后，立即在河内（今河南沁阳及附近地区）地区征兵，当地15岁以上的男丁全部应征入伍，全力增援白起。这支部队进入战区后，赵国的援军和后勤补给线就完全被切断了。

公元前二六〇年九月，赵军已经被围困了46天，既没有粮食，又等不到援军，极度的疲惫与饥饿，死亡的阴影笼罩着全军。赵括在绝望之中率领赵军精锐部队强行突围，结果遭到惨败，赵括本人也死在秦军的乱箭之中。赵军本来就没有了斗志，现在又失去主将，终于竖起了白旗，40多万将士全部向秦军投降。

如何处置这么多的俘虏成了白起的难题。放了吧，赵军的战斗力很快就会恢复；关着吧，这么多张嘴，吃饭都很难解决，还要提防他们闹事。白起最后决定，既然关不得也放不得，那就只能杀了他们。40多万投降的赵军，除年纪幼小的240人被放回赵国报信外，其余的全部被白起用欺诈的手段坑杀了。

消息传来，各国纷纷谴责秦军的残暴行为。白起更是一生愧疚。多年之后，他被秦王勒令自杀的时候还回想起这一幕，觉得自己罪孽深重。当被释放的人回到邯郸的时候，赵国举国上下都穿上素衣，痛哭流涕，仿佛亡国了一般。

在长平之战中，秦军取得大胜。唯一能在军事上和秦国对抗的赵国损失了约45万大军，迅速衰落。长平之战奠定了秦国统一六国的基础。

**知识拓展：**

①冯亭

（？—公元前260年），战国时期韩国人，官至上党郡守，后降赵。他在担任上党地方官的时候，将上党献给了赵国。赵王封冯亭为华阳君，给予他丰厚的赏赐。冯亭拒绝说："在别人眼里，我恐怕是一个为了自己的利益而出卖国家的小人。"后来，冯亭积极抗击秦国军队，在长平之战中阵亡。

②白起

（？—公元前257年），又称公孙起，战国时期秦国郿县（今陕西眉县）人，中国古代著名军事家、秦国名将，是继孙武、吴起之后又一位杰出的军事家。曾经攻打魏国、赵国、楚国、韩国等国，为秦国立下了赫赫战功，被封为"武安君"。

# 第五章　巨鹿之战

## 巨鹿之战

【战役名称】巨鹿之战
【交战时间】公元前207年
【交战地点】巨鹿（今河北平乡西南）
【交战方】楚军vs秦军
【参战方力量对比】楚军：5万人；秦军：40万人。
【伤亡情况】不详。
【战役结果】楚军获胜。
【历史意义】巨鹿之战是秦末农民战争中歼灭秦军主力的一次决定性战役，也是中国历史上以少胜多的著名战役之一。

大泽乡起义点燃了各地反抗秦朝残暴统治的星星之火。但是，瘦死的骆驼比马大，起义军还需要一场又一场艰苦的奋战，才能彻底动摇秦朝统治的根基。巨鹿之战是一场战略决战。在巨鹿之战中，项羽以少胜多，打败了秦军名将章邯，加速了秦朝的灭亡。

**项梁兵败被杀**

陈胜吴广起义虽然被章邯镇压，但各地的起义此起彼伏，其中比较有名的是楚军。公元前二〇八年六月，项梁率领楚国民众起义，他接受谋士范增的建议，立楚怀王的孙子熊心为王，仍称楚怀王[①]。当时有个说法，叫"楚国即使只剩三户人家，但能够灭亡秦朝的必然是楚国"。项梁的这一举动让他在各路义军中名声大振。很多小股的起义部队纷纷赶来投靠在怀王的旗下，如刘邦、英布等。起义军的实力很快得到了增强。

这年八月，秦军围攻齐军，齐军向怀王求援。项梁率领楚军主力，在东阿（今山东阳谷）一带打败了秦军。与此同时，项梁的部将刘邦、项羽也奉命出击，在城阳（亦称成阳，今山东甄城）、雍丘（今河南杞县）等地攻打秦军，都取得了胜利。

打了胜仗，楚军士气更加高昂。楚军主动与各路义军联系，希望联手给予秦军更大的打击。项梁通知赵军、齐军，请他们共同出兵围攻章邯。章邯是秦朝著名将领，他率领精锐秦军镇压各地的起义。项梁认为，要推翻秦朝的统治，一定要先拔除秦朝的爪牙，章邯就是秦朝的利爪。只要打败章邯，推翻秦朝就容易了。

但是，各路义军都打着自己的小算盘，不能在大目标下团结一致。齐军的相国是田荣，他因为怀恨楚军收留了他的政敌田假，竟然拒绝派军队协同作战。而此时的赵军又发生了内乱，根

**项梁兵败被杀**

本难以出兵。这样一来,三家军队有两家缺席,只有项梁率领楚军孤军深入。

项梁作战勇敢,楚军又新立了怀王,这些因素都刺激了秦朝统治者,他们已经把楚军视为自己的最大威胁。就像项梁意识到章邯对于秦朝的重要性一样,章邯也将项梁看作自己最强大的敌人。两个人紧紧盯住对方,现在终于在战场上相遇了。

九月，章邯等来了大批增援的秦军，兵力超过了20万，在人数上已经远远超过了项梁的队伍。章邯又利用项梁接连获胜后多少有点松懈的机会，向楚军发动了突然袭击。当时楚军驻扎在定陶，还在等待盟军的到来。由于准备不足，楚军仓促应战，结果被趁夜色偷袭的秦军打败了。章邯杀死了项梁，起义军遭到重创。

　　章邯打败项梁后，认为楚军的主力受损，已经构不成对秦朝的威胁。这时章邯得知赵军发生了内乱，决定趁这个机会一举歼灭赵军的有生力量。章邯率领部队渡过黄河攻打赵军。秦军借助强大的攻势，很快就击溃了赵军的主力，占领了邯郸。

　　邯郸失守后，赵王出逃。章邯一路追击，将赵王围困在巨鹿。30多万秦军兵分两路，王离军围攻巨鹿，章邯军驻守外围。这样既阻击了援军，也切断了赵军的粮草供给。

　　当时赵军尚有几万人，驻守在巨鹿的北面。为了突围，他们也曾向秦军发动过几次攻击，但都以失败告终，无奈之下只得向各路义军求救。

### 项羽诛杀宋义

　　项梁被杀的消息传来，怀王痛失支柱，因为害怕秦军，于是将都城迁到了彭城（今江苏徐州）。这时，齐军使者来见楚王，说："项梁这次之所以打了败仗，是因为没有听宋义的劝阻。宋

巨鹿之战古战场考古现场，位于今河北平乡西南

义在两军没有交战前就看到了兵败的征兆，确实是不可多得的人才，可惜项梁没有听他的话。"

楚怀王因为没有了项梁，正在六神无主，听到齐军使者赞扬宋义，好像掉到水里的人抓住了一根救命稻草，急忙召见宋义。宋义这个人喜欢夸夸其谈，吹起牛来很有一套。楚怀王与他议事，听了他的高论，非常欣赏他，任命他为上将军——这原来是项梁的位子，宋义也因此成了项羽的顶头上司。

楚怀王命令宋义率领楚军前往救援赵军。

楚军行军到了安阳（今山东曹县）后，竟然在那里停留了46天。

项羽一心想要遇到章邯为自己的叔叔报仇，便催宋义赶紧前往巨鹿。项羽说："现在秦军在巨鹿围住赵王，赵军危在旦夕。我们应该尽快带兵渡过黄河，里应外合。楚军在外围攻打秦军，赵军在里面响应，两相夹击，就可以打败秦军。"

项羽的意图很清楚：不能再拖延时间了。等到被围困的赵军弹尽粮绝，或者等秦军攻下了巨鹿，那时即便楚军赶到也迟了，已经影响不了战局，说不定是送上门去让秦军收拾。宋义是个庸人，竟然说："这样做不明智啊。现在秦军进攻赵军，如果秦军获胜，军队经过苦战一定很疲惫，我们可以以逸待劳；秦军打不胜，他们的主力部队就会被赵军牵制，我们正好率领大军杀向咸阳，推翻秦朝。秦赵相斗，楚军得利啊。"

项羽听后目瞪口呆，心想宋义不是在说梦话吧。楚王将军事大权交给这样的人，对楚军来说真是巨大的隐患啊。宋义并没有察觉项羽的心思，还在得意洋洋地自我吹嘘，说："上战场奋勇杀敌，我是不如你项羽的；但讲到策略谋划，你还是嫩了一点。"

宋义又下达军令，说："军中人士谁不听我的号令，一律斩首。"这话摆明是在警告项羽：现在我是统帅，你要是不听话，我就用军法处置你。

宋义能得到楚王的重用，是因为齐军使者的推荐。现在，他派遣他的儿子宋襄去齐军辅佐齐王。宋襄出行前，宋义又大宴宾客为他饯行。

当时天气寒冷，又遭遇大雨。看着士兵们在冰冷的雨水中饥寒交迫，瑟瑟发抖，而宋义却给他的儿子设宴饯行，项羽决心干掉这个危险的投机分子。

公元前二〇七年十一月，项羽一大早去中军大帐，以拜见宋义的名义杀死了宋义，并通告全军，宋义与齐军私通，对楚军不利，杀掉宋义是得到了楚王密令的。鉴于此前宋义送他的儿子去齐军，再有当初拥立楚王的是项梁，现在宋义谋反，由项羽杀他也很正常，所以大家并没有怀疑项羽的所作所为。既然宋义死了，将领们就推举项羽为代理上将军。

项羽一方面派人追杀宋义的儿子，以绝后患；另一方面派人向楚怀王报告事情的经过。事情既然已经发展到这一步，楚怀王也不敢多说什么，顺势传令让项羽担任上将军，统率楚军，尽快援救巨鹿。

**项羽一战成名**

项羽杀死宋义，大快人心，声名远扬。就是因为有宋义这样的人在，各路义军都只考虑自己的利益，名为结盟，其实是一盘散沙，所以才会被秦军各个击破。现在项羽杀了宋义，从而团结了各路义军。大家都不敢敷衍了事，开始服从项羽的调遣。

项羽先是派遣部将带领2万楚军渡过漳河去支援巨鹿。楚军与秦军发生了零星的战斗，楚军略占上风，切断了章邯部与王离

**项羽率兵大战秦军**

部的联系。赵王又派人催促项羽，希望他能率领楚军主力与秦军好好打一仗。

赵王说："项将军当初斩杀宋义，鼓舞了天下人的士气。现在巨鹿就在将军眼皮子底下，迈一下脚就能到了，难道将军还要犹豫吗？"

当时，来支援赵军的起义军有十几路，加起来人数也不少，可是他们大都在心理上惧怕秦军。特别是猛将章邯，更是起义军的克星。在与各路义军不下百次的大小战役中，章邯没有打过一次败仗，所以各路义军都不敢跟他正面交锋。

章邯辉煌的战绩更激起了项羽的血性。一提到章邯，项羽就恨得咬牙切齿。如今终于盼到与章邯决战的时刻，那就家仇国恨、新账老账一起算吧。楚军渡过漳河后，项羽下令把渡船全部凿沉，把做饭的铁锅悉数砸破，把帐篷通通烧毁，每个将士随身只带了三天的干粮，这就意味着一旦不能在三天内打败秦军，楚军将士既无路可退，也将无饭可吃。项羽慷慨陈词，做了战前总动员。他号召将士们与秦军决一死战，不是打败秦军，就是自己阵亡。

楚军将士已经将生死置之度外，他们慷慨激昂地高唱着战歌，相互激励着，全军充满了大无畏的气概。

项羽的言行也打消了各路义军心中的顾虑，他们也不再计较各自的得失，再次站到了同一阵营。

楚军将士以一当十，越战越勇。楚军推进至巨鹿城外，把王离的部队团团围困。章邯见势不妙，率部驰援。项羽亲率大军迎战，双方进行了九次激烈的战斗。楚军将士一次又一次地搏命冲杀，只要还能拿得起武器，还有最后一丝气力刺杀对手，就一定会进攻。楚军的勇猛和战斗的残酷，让楚军的盟军们都惊得伸出了舌头，屏住了呼吸。

面对楚军超越常人的战斗力，秦军的阵脚终于乱了，章邯无奈，率众退守巨鹿南部。

无畏的楚军打败了章邯的部队，活捉了秦将王离，切断了秦军的粮道，还使得围攻巨鹿的秦军完全暴露在各路义军面前。巨鹿之围就这样瓦解了。

巨鹿之战以秦军的溃败而结束

战争结束后，项羽设宴款待各路义军的诸位将领。他们进入楚军大营后都跪在地上，挪动膝盖往前走，没有一个人敢抬头仰视项羽。此时的项羽已经成为了各路义军的实际领袖，对他的号令没有人敢不遵从。

几个月后，章邯率领20万秦军向项羽投降。秦军的精锐主力就这样被消灭了。秦军主力的消灭，意味着秦朝末日的降临。秦朝灭亡后，项羽因自恃战功卓越，自封为西楚霸王。

**小链接：**

西楚霸王：项羽是中国历史上最著名的武将之一，古人评价他："项羽的勇猛，历史上找不出第二个。"在反秦起义中，项羽率军打败了秦军主力。秦朝灭亡后，项羽自封为西楚霸王，实力在各路起义军中最强，后来为和刘邦争夺统治权进行了五年残酷的战争。公元前202年，项羽被刘邦打败，在乌江边悲壮自刎。宋代女诗人李清照曾写过一首《夏日绝句》称赞他："生当作人杰，死亦为鬼雄。至今思项羽，不肯过江东。"

巨鹿之战是中国历史上以少胜多、以弱胜强的著名战役，基本上歼灭了秦军主力，奠定了反秦农民战争胜利的基础。经过巨鹿之战，秦朝的灭亡已经指日可待了。

**知识拓展：**

①楚怀王

（？—公元前205年），芈姓，熊氏，名心，秦末政治人物、楚国宗室，楚怀王熊槐的孙子，楚国被秦国灭亡后流落在民间放羊。项梁起义后，为了名正言顺、扩张势力，采纳了谋士范增的建议，寻访楚国王室的后裔并找到了他，拥戴他为楚怀王。楚怀王基本上是一个傀儡，后来被项羽命人杀死。

## 第六章　漠北之战

# 漠北之战

【战役名称】漠北之战
【交战时间】公元前119年
【交战地点】漠北（戈壁沙漠以北，今蒙古国境内）
【交战方】汉军vs匈奴
【参战方力量对比】汉军：约10万人；匈奴：不详。
【伤亡情况】汉军：约1万人；匈奴：约9万人。
【战役结果】汉军获胜。
【历史意义】漠北之战是汉匈战争中规模最大也最艰巨的一次作战，是在草原地区进行的一次成功作战，在中国古代战争史上占有重要地位。

　　汉武帝时期，汉朝和匈奴不时爆发战争。河西之战后，匈奴势力遭到沉重打击，撤退到阴山以北，但实力仍在，经常袭扰汉朝边境地区。汉武帝一直在寻找机会，准备对匈奴发动一场更大规模的歼灭战。这场战争最终以匈奴的失败告终，汉军的十万铁骑在漠北横扫匈奴军队，取得了空前的胜利，从而换来了北部边疆的安宁。

**汉武帝积极备战**

汉武帝时期，由于长期和匈奴交战，朝廷财政发生危机。汉武帝依靠桑弘羊[1]等人调整国家政策，实行了诸如整顿币制、专卖盐铁、加重商税等措施增加财富，准备对匈奴发动更大规模的会战。

公元前120年冬，匈奴派遣两路大军，每路各数万骑，袭扰右北平（今河北平泉）和定襄（今内蒙古和林格尔）等地，杀死汉朝官吏民众千余人，掠夺无数财物而去。

汉武帝得知消息后非常生气，下定决心要永久地解决匈奴这个心腹大患。公元前119年春天，汉武帝调集10万骑兵，兵分两路，由大将军卫青、骠骑将军霍去病各领5万，深入漠北，寻找战机歼灭匈奴的主力部队。

这次战争，汉军的精锐部队由名将霍去病统帅。为了让霍去病更加灵活机动地调整部署、指挥战局，汉武帝把战役总指挥的军权授予了霍去病。霍去病的部下猛将如云，有从骠侯赵破奴、昌武侯赵安稽、右北平太守路博德、北地都尉邢山、校尉李敢和徐自卫等，都是赫赫有名的战将。战士也都是经过精心挑选的精壮士兵，作战勇敢，经验丰富，个个都能以一当十。另外，汉武帝还为霍去病配备了匈奴降将。他们熟知大漠的地理和气候变化，精通沙漠中的行军作战。

卫青率领的大军以李广为前将军、公孙贺为左将军、赵食其为右将军、曹襄为后将军，主要任务是策应和支援霍去病的那路大军。

在制定作战方案的高级军事会议上，汉武帝曾征询卫青的意见："让霍去病担任这次的主攻任务，大将军有什么意见吗？"卫青表示，为了实现汉武帝的对匈作战策略，愿意全力配合霍去病。汉武帝听后非常高兴，他安慰卫青说："我们是一家人，我和你的皇后姐姐都等着你们的捷报。"（卫青的姐姐卫子夫是汉武帝的皇后。）

汉武帝为何如此重用霍去病？这其中是有原因的。霍去病是卫青的外甥。相比于卫青的沉稳，霍去病的指挥策略不拘泥于古人的兵法，而是更加大胆，更有新意，在历次的汉匈战争中多次建立功勋。汉武帝对霍去病厚爱有加，曾要为他修建一所豪华的宅邸，可霍去病却婉言拒绝了。他说："匈奴未灭，何以家为？"这句话的意思是说，一个好男儿怎能在国家还受到外族的威胁时，先去考虑个人的事情呢。从此霍去病更加得到了汉武帝的信任。

为了确保这次作战万无一失，汉武帝还征集马匹14万、步兵数十万，负责保障两路大军的后勤供应。汉武帝为这次大战所准备的粮草更是不计其数。

深受汉武帝重用的霍去病

**卫青大败伊稚斜单于**

按照原先的计划,霍去病率领大军从定襄出发,直接攻打伊稚斜单于的主力部队;卫青则率领大军从代郡(今河北蔚县)出发,威吓与阻击匈奴的增援部队。但是,汉军从俘虏口中获得了一个重要的情报:伊稚斜单于率领大军转移到了东面。汉武帝当机立断,立即改变作战计划,让霍去病从代郡出发,卫青从定襄出发。

汉武帝的用意非常明显:他要发挥霍去病勇猛善战的特点,让他和单于的主力部队决战,争取歼灭匈奴的主力部队,俘获单于,以达到彻底征服匈奴的目的。

匈奴的战略转移其实是投降匈奴的赵信想出的计谋。赵信认为,汉军既然横跨沙漠寻求决战,士兵和马匹一定会疲惫不堪。匈奴完全可以以逸待劳,坐等汉军出现,然后发动奇袭。伊稚斜单于觉得这个计划非常好,于是将妇孺老弱和牛马财产等都转移到了更远的北方,布置精兵,准备伏击汉军。

卫青从定襄出发后,一路上只遇到了零星的抵抗。他亲自审问俘虏,竟然意外获悉伊稚斜单于的驻地就在自己的眼前。卫青喜出望外,虽然他有意成全霍去病建功立业,但没有想到机缘巧合,匈奴人散播的假情报反而促成自己遇上了单于的主力部队。

卫青立刻将这个情报快马加鞭地传给汉武帝和霍去病,同时命令前将军李广与右将军赵食其率部从东路侧面攻击单于的主力部队。卫青则亲自率领汉军主力向匈奴的主力部队发起了正面攻击。

汉武帝得知后，同意卫青与匈奴的主力部队决战，并命令霍去病率领部队见机行事，寻求战机。

卫青率领大军长途奔袭一千余里，穿过沙漠，终于遇到了伊稚斜单于的主力部队。卫青知道匈奴军早有防备，便下令军队就地扎营，用武刚车（四周及车顶都覆盖着厚革皮的战车，专门用于防卫）环绕在外围，以防止匈奴骑兵前来骚扰。

做好防备之后，卫青亲自率领5000精锐铁骑向匈奴军发起了攻击。伊稚斜单于令旗一挥，1万匈奴骑兵冲出大营，迎战汉军。双方激战至黄昏还不见胜负。这时突然刮起了大风，飞沙走石，士兵们被风沙吹得难以睁眼，难以观察对手的情况。卫青心想：真是老天助我。风沙迷眼，匈奴骑兵的威力就减弱了很多。趁这个机会，卫青急忙令左右两路大军出击，将匈奴军队围在了中间。

伊稚斜单于见汉军人多势众，自己的部队陷入包围圈无法取胜，三十六计，走为上策，于是率领几百名精锐随从自西北方向突围逃走了。

这时候，天色已晚，汉匈两军仍在激烈地混战，战场上充斥着双方士兵们沉重的呐喊和喘息声，特别是冷兵器劈裂铠甲和人骨的声音更是让人听了胆战心惊。狂风的呼啸声竟掩盖不住受伤战马的嘶鸣以及伤者的悲号，脱缰的战马拖着战死的士兵狂奔

**卫青大败伊稚斜单于**

着，士兵的尸体被拖得血肉模糊，难以辨认。双方的伤亡都很惨重。这时，汉军审问匈奴俘虏，才知道伊稚斜单于已经逃走，得知这个消息的卫青，立即派出轻骑追击伊稚斜单于，自己则率领主力部队跟随。

匈奴人得知主帅逃跑，顿时失去了斗志，溃不成军，四下逃散了。

汉军追出200余里仍然没有能够赶上伊稚斜单于，此时已是东方破晓。激战了一夜的汉军沿途继续清剿，又歼灭匈奴万余人，一直追到窴颜山（今蒙古国杭爱山），占领了赵信城（此城为赵信所建，故得名，今蒙古国乌兰巴托以西）才停下脚步。汉军缴获了大批的粮食、给养。卫青率领部队在赵信城休整一天后，临走时将这座城放火烧掉了。

这一战，汉军共歼灭匈奴军1.9万余人。

**霍去病速歼左贤王**

霍去病率军从代郡出发后，很快就得知卫青遇上了单于的主力部队。霍去病略感遗憾，但很快就振奋精神，对自己的部下说："既然这是天意，那么我们就把匈奴的主力部队留给大将军吧。我们去观赏一下大漠的景色！"

将士们都知道霍去病擅长突击战，当年就曾因为深入匈奴腹地，战果辉煌，被汉武帝封为冠军侯。军士们当即答应，说道："既然冠军侯要故地重游，我们就去匈奴人的家园做客吧。"霍去病于是率领5万精骑飞驰两千余里，穿过大漠，越过离侯山，渡过弓卢河（今蒙古国克鲁伦河），一路寻找敌踪。5万铁骑似滚滚洪流，扫荡着广阔的匈奴腹地。

匈奴左贤王怎么也想不到，自己的部队会和霍去病的铁骑遭遇。

左贤王显然没有料到会遇到汉军，以为是神兵天降。他想要列阵迎击，但哪里还来得及。善于速战的霍去病指挥汉军向匈奴军发动了猛烈攻击。早就憋足了劲的汉军将士哪能放弃这么一个痛击匈奴军的好机会，他们挥舞着兵器呼啸着冲进了尚未布阵的匈奴军中，好似猛虎扑进了羊群，准备不足的匈奴士兵瞬间就做了汉军的刀下鬼，其他的匈奴士兵则丢盔卸甲，四散而逃，这其中死于汉军铁骑蹄下的也不在少数。在汉军强有力的冲击下，匈奴军瞬间溃败。汉军难得这么扬眉吐气，于是在广阔的匈奴腹地纵横驰骋，四处追击溃散的匈奴军队。

这一战，左贤王的精锐部队几乎全军覆没。霍去病活捉了屯头王、韩王等三人，将军、相国、当户、都尉等83人，歼敌7万余人，缴获了匈奴军队的军旗、战鼓以及大量物资。左贤王抛下军队，率领自己的卫队落荒而逃。霍去病率领军队一路追击，来到了狼居胥山（今蒙古国肯特山）。

**狼居胥山，今蒙古国肯特山**

霍去病看到将士们都疲乏了，于是让大军就地扎营，稍作休整。他在狼居胥山上修建了一个纪念台，举行了祭天封礼的仪式。

此后，霍去病率军继续追击匈奴余部，一直进击到翰海（今俄罗斯贝加尔湖）方才撤兵回国。这次战役把匈奴人真的打怕了，他们逃得远远的。从此，大漠以南再也没有匈奴王庭了。

这一年，霍去病才21岁。

霍去病速歼匈奴左贤王

**奖惩分明的汉武帝**

漠北之战的胜利让汉武帝极为满意。汉军凯旋后，卫青、霍去病两人都被封为大司马，位同丞相。

赏罚分明的汉武帝对霍去病的战功尤为赞赏。霍去病的部下中，很多人都封侯受赏。卫青则因为没有能够全歼伊稚斜单于的主力部队，功过相抵。卫青的部下没有一个人被封侯受赏。

值得一提的是前将军李广和右将军赵食其，因为在沙漠里迷路，没有能够按期和大军会合，贻误了战机。此时，李广已60多岁。他深知自己违反了军纪，对于伊稚斜单于的逃脱，自己也难逃干系，于是自杀了。右将军赵食其被下到大狱里，按照汉朝的律法应该被斩首，后来家人交了赎金，遂被贬为庶人。

**小链接：**

李广"以石为虎"：李广是一员勇将，多年征战立下过许多战功。他特别擅长射箭，曾射杀过匈奴将士多人，匈奴人称他为"汉飞将军"。李广有一次外出打猎，误将草丛中的一块石头当成了老虎，他立即弯弓射箭，竟然把整个箭都射进了石头里。后来唐朝诗人卢纶在《塞下曲》中写道："林暗草惊风，将军夜引弓。平明寻白羽，没在石棱中。"说的就是这个故事。

漠北之战是汉匈战争中规模最大的一次，也是对匈奴打击最为沉重的一次，双方都竭尽了全力。匈奴军队共伤亡和被俘9万余人，元气大伤，再也不敢对汉朝贸然进犯，从而也就无法对汉朝构成严重威胁了。汉朝损失也很大，伤亡1万余人，损失的马匹超过了10万匹。百余年的匈奴威胁至此得到基本解决，汉朝的北部边境终于迎来了一段时期的平静。

**知识拓展：**

①桑弘羊

（公元前152年—公元前80年），西汉著名理财家，洛阳商人的儿子。因为能够增加国库收入，深得汉武帝的信任和赏识，曾担任大农丞、大农令等要职，掌管西汉中央政府财政近40年。桑弘羊通过各种举措，有效地增强了西汉的国力，为汉武盛世奠定了坚实的物质基础。

# 第七章　官渡之战

## 官渡之战

【战役名称】官渡之战
【交战时间】公元200年
【交战地点】官渡（今河南中牟东北）
【交战方】曹操vs袁绍
【参战方力量对比】曹军：约2万人；袁军：约11万人。
【伤亡情况】曹军：约8000人；袁军：约8万人。
【战役结果】曹军获胜。
【历史意义】官渡之战是中国历史上以少胜多的著名战役之一，奠定了曹操统一北方的基础。

　　东汉末年，在镇压黄巾军起义的过程中，形成了许多割据势力。在北方，曹操和袁绍的势力最强，曹操占据河南、江苏北部，袁绍则占据河北、山西、山东等地，双方虎视眈眈，势不两立。其他割据势力对此大都采取观望的态度。在官渡之战中，曹操打败了袁绍，为统一北方奠定了基础。

**曹操的部署**

公元一九九年六月，袁绍率领精兵10万，战马万匹，对曹操的大本营许都（今河南许昌）发动进攻，从而拉开了官渡之战的序幕。

消息传到许都后，曹操的很多部将都很悲观，他们认为己方只有2万多人马，袁军人数占有绝对优势，一定会稳操胜券。许多人因为担心自己的性命和前途，暗中与袁绍勾结，想要为自己留一条后路。

曹操却显得胸有成竹。他在年轻的时候曾与袁绍共过事，对袁绍非常了解。在曹操眼里，袁绍一向眼高手低，有勇无谋，盲目自信，对部下也鲜有体贴。因此，虽然兵多，但由于袁绍一向多疑，致使将领们无法拿到统一的作战计划，也就无法相互配合，大多各自为战。袁绍的军队实际上如同一盘散沙，并不像它表面上看起来那么强大。经过缜密的思考，曹操决定依靠自己现有的部队，抵挡袁绍的进攻。

在战略上可以藐视敌人，但在战术上却要重视敌人。为了争取战略上的主动，曹操做了非常详细的部署：命令大将臧霸率领精兵占领齐（今山东临淄）、北海（今山东昌乐）、东安（今山东沂水）等地，一方面牵制袁绍，一方面防止袁军从东面对许都发动突袭。曹操本人亲自率兵驻扎在冀州黎阳（今河南浚县东，黄河北岸）一带。于禁率领2000军士屯守在黄河南岸的重要渡口延津（今河南延津北），与白马（今河南滑县东，黄河南岸）的东郡太守刘延相互支援，尽量阻击袁军，延缓其渡河。另外又

**曹操为官渡之战做部署**

加强对关中地区的控制，加强与凉州的友好关系，以稳定自己的后方。最后，曹操将自己的主力部队布防在官渡（今河南中牟东北）一带固守，以阻挡袁军的正面进攻。

很多将领不理解，认为这样的布防漏洞太多，黄河南岸很多地方都会成为袁军的突破口。曹操却不这样看，他解释说：己方兵力本来就少，再分兵把守黄河南岸，力量就更薄弱了，根本不会有实际的效果；如果集中兵力扼守重要的渡口官渡，不让袁军轻易渡河，说不定还有破敌的良机。

曹操选择在官渡固守，这是由官渡的地理位置决定的。官渡位于鸿沟上游，濒临汴水。鸿沟是许都在东北方向上的屏障。袁

官渡之战古战场石碑，位于今河南中牟

绍想要夺取许都，必然要经过官渡。而官渡离许都很近，真的打起仗来，曹军可以更加方便地得到后勤补给。

**袁绍错失灭曹良机**

公元二〇〇年正月，发生了一件让曹操很头痛的事情。原来，刘备趁曹操的注意力都放在袁绍身上时，起兵反曹，很快就占领了沛县、徐州，军队人数也从几千人增加到了数万人，成为了曹操的心腹大患。

特别是刘备还打算与袁绍结盟，前后夹攻曹操，这更是急坏了曹操，他想：如果你们联手成功，北方还有我曹操的容身之地吗？

曹操不愿面对两线作战的困境，因此决心不管付出多大代价，也要拔掉刘备这颗钉子。公元二〇〇年二月，曹操亲率精锐部队讨伐刘备，不仅收复了徐州、沛县，占领了刘备的根据地下邳（今江苏睢宁），还得到了关羽。刘备惨败后，带着残兵败将狼狈不堪地逃往河北，投奔了袁绍。

袁绍这个人确实目光短浅。当曹、刘缠斗在一起时，袁绍的谋士田丰建议袁绍率领军队进攻曹操，让曹操首尾无法兼顾。如果袁绍采纳了这个建议，那么官渡之战可能就是另外一种结局了。

可惜的是，袁绍的小儿子当时生病了，袁绍就以这个为借口，不愿发动对曹操的战争。等曹操打败刘备，可以腾出手来对付袁绍的时候，袁绍已经失去了获胜的最好机会。

**白马保卫战**

公元二〇〇年正月，袁绍终于完成了所有的战前准备工作，率领大军讨伐曹操。袁绍的谋士中有一个叫陈琳的著名文人，他依照袁绍的意思，创作了一篇文字优美、慷慨激昂的战斗檄文，公告天下。在檄文中，陈琳把曹操痛骂了一顿。曹操虽然觉得自己很没面子，但对陈琳的文采却很佩服。

曹操是一个爱才的人，心想：袁绍手下有那么多优秀的人才，如果这些人才都能为我所用，那该多好啊。这更加坚定了曹操要打败袁绍的决心。

二月，袁绍率领大军来到了黎阳。为了快速渡过黄河，寻找机会与曹军主力决战，袁绍派大将颜良全力进攻白马。白马是战略要地，一旦失守，曹操就会更加被动，处于劣势。

四月，曹操为了争取战争的主动权，亲自率领精兵来解救白马之围。曹操的谋士荀攸向曹操献策说："袁绍兵众将多，与他硬碰硬对我军不利。不如声东击西，先分散袁绍的兵力，再想办法解白马之围。"

具体的策略是：曹操先率领大军来到延津，佯装要渡河攻打袁绍后方，诱使袁绍分出一部分兵力回防后方，以分散袁绍的力量。趁此时机，曹军再突然改变行军的方向，快速奔袭围攻白马的袁军。

曹操采纳了这一建议，袁绍果然上了当。白马一战，曹操不但解了白马之围，还杀了袁军大将颜良。袁绍听到消息后，气得暴跳如雷，忙率军渡河追击曹操。曹操当时只有600骑兵驻扎在白马南边，而袁军除了五六千骑兵之外，还有大量的步兵。曹操心生一计，命令士兵将辎重沿途丢弃。袁军纷纷去争抢财物，完全忘了追击敌人。曹操趁袁军没有防备，突然发动反击，击败了追击的袁军。在这场战斗中，袁军的另一位名将文丑也死于乱军之中。

曹操顺利退回官渡。袁军士气大挫。

官渡是南北交通的咽喉要道，离许都不到200里。如果官渡失守，许都就失去了屏障。曹操下令全力固守官渡，一步也不能后退。

**曹操官渡大败袁绍**

袁军虽然打了败仗，但在兵力上仍占有优势。八月，袁军主力进抵官渡，他们在岸边扎营，与曹军隔河对峙，针锋相对。

袁军修筑了楼橹——所谓楼橹就是堆土如山，弓箭手爬到上面，张弓搭箭，俯射曹营，对曹军的威胁很大。为了破坏袁军的楼橹，曹军制作了霹雳车，可以把十斤重的石头抛300步远，将袁军的楼橹全都毁掉了。袁军一计不成，又生一计。他们在地下挖掘地道，想要潜入曹营。曹军早有准备，也在营内挖掘长堑，将袁军暴露出来，粉碎了袁军的阴谋。

古代中国著名战役 77

双方相持长达三个月。寒冷的冬天到了，前线缺粮少兵，后方又时常爆发叛乱，曹军似乎难以挺过面临的困境。有一天，曹操看到运粮的士兵栽倒在地，心里很同情，忍不住发出感慨："我会尽快打败袁绍，这样你们就不用这么辛苦了！"

　　话虽这样说，实际上曹操的信心也在动摇。曹操写信给荀彧，问他现在退守许都可行不可行。荀彧坚决反对，他在回信中说："袁绍将他的主力部队都集中到了官渡，是想要和您决出胜负。想当年楚汉相争，刘邦和项羽谁都不愿退让，是因为谁先退让，谁的势头就减弱了。现在您敢于以一当十，以少战多，这需要多么大的勇气。您在官渡对抗袁绍，在半年的时间里没有让他前进半步。既然如此，形势就很明朗了，只要您不放弃，等到合适的机会，您一定会打败袁绍。"

　　受到荀彧的点拨，曹操没有退回许都，而是积极寻求和捕捉战机，希望能彻底击败袁绍。之后不久，曹操派曹仁、史涣突袭袁军粮道，烧毁了数千辆运粮车，袁军的补给也遇到了很大的困难。

　　袁绍又让后方运来粮食，为了防止曹军的骚扰破坏，大将淳于琼动用了万人部队亲自护送粮草，最后囤积在袁军大营以北约40里的故市（今河南延津）、乌巢（今河南延津东南）一带。

　　这个时候，袁绍的谋士许攸因为不受重用而投奔了曹操。他建议曹操对守备松懈的乌巢发动突袭，只要烧掉了粮草，袁军就不战自败了。曹操非常赞同，留下曹洪、荀攸二人守护大营，亲自率领5000精兵偷袭乌巢。一路上，他们打着袁军的旗号，每个人都带着一束柴草，悄无声息地潜入到了乌巢附近。曹军突然四面放火，守卫的袁军乱作一团，囤积的粮草被烧得精光。

袁绍听说曹操偷袭乌巢，急忙派轻骑援救乌巢，又命令张郃、高览等大将对曹军大营发动猛烈攻击。可是曹营防守工事非常坚固，一时间很难攻破。大战中，张郃、高览听说乌巢被破，粮草被烧，再也无心恋战，双双投降了曹操。袁军连吃败仗，士气瓦解，完全丧失了战斗力，还没和曹军交战就溃散了。惊慌失措的袁绍只得带领800骑兵仓皇退回河北。

曹操紧紧追击袁绍，沿途不但消灭了袁军主力，还缴获了大量袁军丢下的辎重、地图、书信和珍宝。在同袁绍往来的书信中，有许多是曹操的手下暗中写给袁绍的。事后，曹操并没有公布这些书信的内容，而是把这些信件当着众人的面统统烧掉了，表示不再追究。

曹操说："袁绍强大的时候，我自己都担心性命难保，何况是我手下的那些人呢？"那些曾经打算背叛曹操的人都暗自羞愧不已，也更加佩服曹操的宽广胸襟。

在官渡之战中，曹军总计歼灭袁军7万余人，创造了中国古代战争史上以少胜多、以弱胜强的杰出战例。自此之后，袁绍一蹶不振，再也没有什么势力能够阻碍曹操统一北方了。

## 第八章　赤壁之战

### 赤壁之战

【战役名称】赤壁之战
【交战时间】公元208年
【交战地点】赤壁（今湖北赤壁市西北）
【交战方】孙刘联军vs曹军
【参战方力量对比】孙刘联军：5万人（孙权3万人，刘备2万人）；曹军：约20万人（号称80万人）。
【伤亡情况】孙刘联军：不详；曹军：不详。
【战役结果】孙刘联军获胜。
【历史意义】赤壁之战是中国历史上以少胜多的著名战役之一，奠定了三国鼎立的基础。

　　赤壁之战是三国时期最为著名的一场战役，也是中国历史上以少胜多的著名战役之一。建安十三年（公元208年），孙权、刘备联军在赤壁（今湖北赤壁市西北）一带大败曹操南下大军，从而奠定了三国鼎立的基础。

　　赤壁之战是中国历史上首次在长江流域进行的大规模江河作战，它标志着中国的军事政治中心已经不再局限于黄河流域了。

公元196年，曹操带着汉献帝迁都到了许县（今河南许昌），"挟天子以令诸侯"，开始有计划地进行统一全国的战争。他先后打败了吕布、袁术和袁绍，基本统一了北方，一心想要统一全国。

**小链接：**

"说曹操，曹操到"：曹操在讨伐董卓之后被封为东郡太守。汉献帝因为董卓的部将李傕、郭汜等随时可能进犯洛阳，觉得在洛阳很不安全，于是就宣旨让曹操前来护驾。曹操接到谕旨后，马不停蹄地奔赴洛阳。曹操刚到洛阳城外，就碰上了李傕等人领兵进攻洛阳。曹操在千钧一发之际化解了洛阳城的危机，于是历史上就有了这个说法。

曹操在军事史和政治史上是一流的人才，在文学史上也留下了"横槊赋诗"的佳话。北方在他的治理下，社会趋于安定，经济也有所恢复。养精蓄锐的曹操逐渐具备了进攻江南的实力。

### 讨伐刘表

公元208年，曹操亲自率领大军进攻荆州。当时的荆州包括今天的河南南部、湖南、湖北大部及贵州东部、广东北部的一部分地区，面积广大，人口众多，经济富庶，农业、商业都很发达。由于距离中原较远，因此战乱很少波及荆州。当时占据荆州的是刘表。刘表手下有十几万兵马。虽然江东的孙权、北方的曹操都对荆州虎视眈眈，但却很难一口吃掉。此外，刘备早在公元201年就投奔了刘表，成为了他的左膀右臂。这些都增加了刘表的实力。

可就在曹操进攻荆州的关键时刻，刘表竟然得病死了。大军压境，继位的刘琮惊慌失措，在手下人的劝说下向曹操献了降书。这让驻扎在樊城（今湖北襄阳）前线的刘备一下子陷入到了孤军奋战的危险境地。刘备考虑再三，只得放弃樊城，率领军民向南撤退。

这时，孙权控制着江东地区（今江苏、安徽等地）。刘表曾经杀害过孙权的父亲孙坚，江东和荆州两大势力结下了世仇，经常发生摩擦。现在听说曹操南下进攻刘表，孙权便派自己的部将鲁肃（东汉末年东吴名将）去探听军情。鲁肃赶到夏口（今湖北武汉），正好遇见准备撤退的刘备。

鲁肃问刘备："刘将军，您现在有何打算啊？"刘备说："荆州是保不住了。我和苍梧（今广西梧州）太守吴巨关系还不错，我想去投奔他。"鲁肃说："吴巨是一个平庸的人，自身都难保。你去他那里也不是长久之计，不如留下来和我们东吴结盟，一同对抗曹操。"

鲁肃又跟诸葛亮[①]说："我是诸葛瑾的好朋友。"诸葛瑾是诸葛亮的哥哥，在东吴做长史[②]。鲁肃之所以这样和诸葛亮拉关系，是因为他看出来刘备很信任诸葛亮。诸葛亮也是一个聪明人，知道与东吴结盟对目前的刘备来说意义重大，于是也帮着鲁肃说话。

当时准备随刘备撤退的将士，加上刘表长子刘琦的江夏守军，大约有3万多人。

**孙刘联盟**

曹操占领荆州北部后，收编了荆州的水军，得到了荆州的粮草、军械，更是志得意满，想要乘胜追击，顺便拿下江东地区。曹操派使者给孙权送去劝降书，说："我现在统帅八十万大军，想要与孙将军约个时间在东吴打猎。"语气很嚣张，显然没有把孙权放在眼里。这时，东吴的主战派占了上风，将士们都很愤怒，个个摩拳擦掌，想要与曹操决一死战。在周瑜[3]、鲁肃等人的劝说下，孙权拔出佩剑，砍下桌子的一个角，说："我现在已经决定了，谁再说劝降的话，就跟这张桌子下场一样。"主降派都不敢再说话了。东吴内部取得了统一，积极准备与曹操开战。

公元208年，曹操在乘胜攻取荆州重镇江陵后，继续顺长江东进，屯兵于长江北岸的赤壁，想要先除掉刘备。刘备于是派诸葛亮去孙权那儿求救。孙权任命周瑜为都督，率领3万大军与刘备的军队会合，逆江而上，共同抗击曹操。双方在赤壁展开了一场遭遇战，这是中国古代战争史上一次著名的水战，也是一次以弱胜强的著名战役。

赤壁之战古战场，位于今湖北赤壁西北

**小链接：**

赤壁古战场：关于赤壁古战场的所在地，史学家历来持有不同看法，主要有蒲圻说、黄州说和嘉鱼说。根据当地出土的文物，多数专家学者更倾向于蒲圻说。蒲圻，即现在的湖北省赤壁市。

当时曹操号称"八十万大军"，虽然有些夸张，但20多万兵马还是有的。相比之下，孙刘联军却只有5万人左右。兵力上曹操军队占有绝对优势。不仅如此，孙刘联军的装备、物资也很匮乏。例如，在古代战场上，在中远距离战斗中起重要作用的箭就非常缺乏，因此才有了"草船借箭"的传说。

孙刘联军也有主次之分。孙军更强大一些，且擅长水战，而刘军的水军却不足1万人。于是，双方决定，由周瑜负责操练水军。周瑜首先就遇到了一个大难题：水战最需要的箭不够用。

为了不影响战争的进程，周瑜让诸葛亮立下了军令状：必须在三天内准备好10万支箭。鲁肃很担心，这么多的箭从哪里变出来呢？他甚至想到去周瑜那里为诸葛亮求情。诸葛亮却一副成竹在胸的样子。鲁肃每天去探望诸葛亮，催他想办法。但诸葛亮却像没事人一样，拉着鲁肃不是饮酒，就是喝茶。这可把鲁肃急坏了。

鲁肃实在忍不住了，就问诸葛亮："你还有闲工夫喝茶，难道忘了你签下的军令状了吗？"诸葛亮摇着鹅毛扇说："我跟周都督签的军令状，我怎么会忘了呢？"鲁肃说："你不知道完不成任务是要掉脑袋的吗？军法不是儿戏。难道我能眼睁睁地看着你被军法处置吗？"诸葛亮这才放下扇子，认真地说道："我也正想请你帮个忙。前两天之所以一直没有提，是怕走漏了风声。现在请你帮我找20艘船，每艘船上安排30名士兵，船上的主要部位都要用青布包裹好，再在船舷两侧插上千余个稻草人。我有妙用。"

鲁肃虽然满头雾水，不知道诸葛亮葫芦里卖的是什么药，但还是按照诸葛亮的吩咐安排好了船只和士兵。第二天深夜，诸葛亮请来鲁肃，对他说："你要是有兴趣的话，就跟我一块儿去取箭吧。"他们坐上小船，悄悄地驶向曹营，却不过分逼近，只在不远不近的地方敲锣打鼓，造成偷袭的架势。

鲁肃非常担心，说："我们只有几百人，如果曹操出动水军迎战，我们根本不是对手啊。"诸葛亮胸有成竹地说："放心吧，这么大的雾，曹操是不敢盲目出击的。我们只管在船中喝酒。"果然，因为大雾，曹操不知道敌情，怕中了埋伏，只是命令士兵放箭，不让东吴的战船逼近。等到稻草人身上插满了箭，诸葛亮才下令回去。他还让军士们齐声高喊："多谢丞相给我们送箭。"

就这样，诸葛亮不费吹灰之力就巧妙地从敌方手里"借"到了10余万支箭，连周瑜也不得不佩服。

这就是赤壁之战中一个有趣的传说。

**诸葛亮成功完成了"草船借箭"**

**火攻曹营**

即使白送给敌人这么多"军火",对曹军来说却谈不上伤筋动骨,曹军依然占有明显优势。可有这样的几件事却让曹操心神不安。其一,曹军的军士大多为北方人,他们不适应南方的气候,很多人都得了疫病;其二,荆州的降兵与曹军的磨合不够,共同作战难以协调配合;再有,曹军的北方军士不习惯水战,坐上船就头晕。这些都大大降低了曹军的战斗力。

曹操听从了手下谋士的建议,将船舰用铁链首尾相连,避免了船舰在风浪中摇晃,北方军士感觉就像在平地上一样。曹操的如意算盘是:两军一旦交战,曹军就能最大程度地发挥战斗力了。可正是这一点,却给曹军埋下了祸根。看到曹军的船舰首尾相连,孙刘联军很快就想到了对策,那就是火攻。

为了发挥最大的杀伤力,周瑜让手下的将领黄盖诈降曹操,使曹军放松了戒备。黄盖率领十艘战船,里面装的全是易燃的芦苇、枯柴,灌注了膏油,外面盖上帷幕伪装,趁着东风急速驶向对岸的曹营。曹操得知黄盖要投降自己,丝毫没有怀疑。当黄盖的战船驶入曹军视野的时候,曹军大概还在做着美梦,以为小小的江东唾手可得了。没想到黄盖和军士突然同时点燃战船,跳入水中,让曹军完全没有时间防备。着火的战船冲入曹军的船阵,火借风势,瞬间就吞没了曹军的舰队,熊熊大火绵延数十里。由于曹军的船舰被连在一起,根本不能脱逃,很快就化为灰烬。大火甚至蔓延到了岸上的军营。曹军士兵烧死、淹死的不计其数。

看到火攻得手，周瑜令旗一挥，孙刘联军杀向了曹营。这时，曹军根本无法组织起有效的抵抗，很快就溃散了。曹操被手下人簇拥着跳上了一条小船才侥幸脱身。在北撤的路上，风雨交加，道路泥泞。溃败的曹军乱作一团，因饥饿、伤病以及人马践踏所损失的士兵不计其数，强大的曹军就这样遭到了惨败。

> **小链接：**
>
> 火攻：为什么孙刘联军想到了火攻，曹军却疏于防范呢？原来这和当时的气候条件以及赤壁独特的地形有关。赤壁之战发生在冬季，冬季很少会刮东南风，所以曹操根本就没有提防孙刘联军会使用火攻。然而根据史料记载，公元208年的冬季天气转暖，气候反常，因此很可能会刮东南风。古典小说和戏曲中描绘的"借东风"，把自然现象写成了诸葛亮的神机妙算。

经过赤壁之战，孙、刘站稳了脚跟。曹操、刘备、孙权终成三足鼎立之势，也为后来的魏、蜀、吴三国奠定了基础。

一千多年后，明代文学家罗贯中在民间评书、戏曲和传说的基础上进行整理、加工，写出了长篇小说《三国演义》。其中对赤壁之战的描写绘声绘色、生动曲折、惊心动魄，在民间广为流传、深入人心，但其中有许多情节是想象和虚构出来的。

火烧曹营

古代中国著名战役 89

**知识拓展：**

①诸葛亮

诸葛亮（公元181年—公元234年），字孔明，徐州琅邪阳都（今山东沂南南）人，三国时期蜀汉丞相，著名政治家、军事家、发明家。青年时耕读于南阳郡，后受刘备三顾茅庐邀请出仕，为促成孙刘联盟和建立蜀汉政权起到了决定性的作用。刘备死后，诸葛亮辅佐刘禅，成为蜀汉政治、军事上的实际领导者。诸葛亮一生"鞠躬尽瘁、死而后已"，是中国传统文化里忠臣与智者的代表。

②长史

官名。

③周瑜

周瑜（公元175年—公元210年），字公瑾，汉末名将，庐江舒县（今安徽庐江西南）人。周瑜21岁起随孙策奔赴战场平定江东。后孙策遇刺身亡，孙权继任，周瑜将兵赴丧，以中护军的身份与长史张昭共掌众事。建安十三年（公元208年），周瑜率军与刘备军联合，在赤壁大败曹军，由此奠定了三分天下的基础。建安十五年（公元210年）病逝于巴丘（今湖南岳阳）。

# 第九章　淝水之战

## 淝水之战

【战役名称】淝水之战
【交战时间】公元383年
【交战地点】淝水（今安徽寿县东南）
【交战方】东晋vs前秦
【参战方力量对比】东晋：8万人；前秦：97万人。
【伤亡情况】东晋：5000人；前秦：不详。
【战役结果】东晋获胜。
【历史意义】前秦从此一蹶不振，北方各民族纷纷脱离前秦的统治；而东晋则趁机把边界推进到了黄河以南，此后数十年间再无外族入侵。

淝水之战发生在公元383年。当时统一了北方的前秦想要趁机灭掉江南的东晋。淝水之战是中国古代以弱胜强的著名战役。实力较弱的东晋最终战胜了强大的前秦，得以继续偏安东南一隅。

**前秦的崛起**

公元三五七年六月，北方的前秦政权发生了一次宫廷政变。

当时的秦王苻生是苻坚的叔伯兄弟。苻生为人残暴，杀人不眨眼。每次上朝接见大臣时都让侍卫准备好刑具，看谁不顺眼，就把谁杀掉。如果有大臣规劝，苻生就认为是在诽谤自己，拖出去杀掉；如果有大臣说奉承话，苻生就认为是在谄媚，也拖出去杀掉。这样一来，前秦的官员们人人自危。

苻坚性格豪爽，又有才华，很得大臣们的拥戴。很多人都劝苻坚取代苻生。但是，苻坚担心自己的实力不够，虽然有点动心，但也只敢暗地里做些准备，不敢轻易发动政变。

有一天，苻生在睡觉前对侍女说："苻坚这兄弟俩也不是什么好东西，我明天就收拾他们。"侍女暗中通知了苻坚。苻坚和苻法才不得不发动了政变。他们率领亲兵冲进王宫，杀死了苻生。政变后，苻坚被众人拥戴为秦王，自称"大秦天王"。

苻坚即位后进行了很多改革，改变了前秦混乱的局面。特别是重用汉人王猛[①]，改变了前秦亲贵横行霸道的局面。王猛的铁腕治理触怒了前秦的贵族阶层。苻坚则坚定地支持王猛打击豪强，整顿官吏，前秦的国力有了很大的增强。

苻坚在很短的时间内先后打败了前燕和前凉，吞并了代国，基本统一了北方。王猛临死前，一再劝阻苻坚不要攻打东晋。王猛说："东晋位于偏远的江南地区，攻打他们会被人指责为是不义的战争。同时他们凭借长江天险，易守难攻。东晋又有谢安[②]

**前秦的宫廷政变**

这样的大臣，君臣和睦，社会稳定，我们很难占到便宜，还不如集中精力处理鲜卑、羌虏等历史遗留问题，这样对前秦的发展更有好处。"

王猛死后七年，苻坚认为统一中原的时机已经成熟，决定讨伐东晋。

许多大臣都强烈反对，但苻坚一心想统一中原，他不高兴地说："你们总是将长江天险挂在嘴边。长江天险真的那么难以逾越吗？我拥有百万大军，只要一声令下，让士兵们将自己的马鞭投入长江，就能够让长江断流！"

既然苻坚都这么说了，大家也就不再反对。谁知道苻坚会不会改变主意，不扔马鞭，改扔大臣，那是不是也一样会让长江断流呢？

**谢安的备战**

谢安出身于名门望族，是当时的名士。东晋朝廷屡次想让他当官，但都被他拒绝了。公元360年，征西大将军桓温请谢安出任自己的幕僚，谢安竟然接受了。在他赴任的时候，有个官员挖苦说："谢安啊谢安，你无数次抗旨，隐居在东山坚决不肯出来做官。人们因此说：'谢安不出山，天下的百姓该怎么办啊！'现在天下的苍生又该拿谢安怎么办啊！"

谢安之所以答应桓温，是因为看出桓温有谋反之心。后来桓温病死，谢安成为掌控朝政的实力派，总管中书省，任都督。为了缓和豪强之间的矛盾，稳定东晋政局，谢安并没有打击桓温集团的人，仍然坚持重用桓温的弟弟桓冲。这让桓冲很感激，尽心尽力地协助谢安。

公元376年，苻坚统一了北方，前秦与东晋的战争一触即发。谢安命桓冲守卫荆州，自己负责扬州的警备工作。当时盛传一句话："荆州和扬州相互支援，就可以让东晋国泰民安。"通过这样的人事安排，最大程度地稳定了人心，为即将到来的战争做好了"人和"的准备。

公元377年，谢安不顾他人的质疑，推荐自己的侄子谢玄出任兖州刺史、徐州刺史，镇守广陵（今江苏扬州），负责防卫长江下游的江北防线。谢玄是一个优秀的军事人才，他在广陵期间任用了刘牢之、何谦等名将，训练出一支战斗力很强的部队北府兵。北府兵在淝水之战中发挥了巨大的作用。谢玄通过实际行动表明，他没有辜负叔父的重托，让那些在背后说闲话的人紧紧地闭上了嘴巴。

**晋军初战告捷**

公元三八三年八月，"大秦天王"苻坚御驾亲征。他亲自率领步兵60万、骑兵27万、禁军3万，共90万大军，攻打东晋。苻坚还命令梓潼太守裴元略率领水师7万从巴蜀顺流东下，向东晋都城建康（今江苏南京）进军。

前秦的先锋部队与后面的大部队之间相隔千里，飘扬的旗帜像望不到边的丛林。水军和陆军相互呼应，阵线长达万里。苻坚心想，凭借百万大军，无论是长江这样的天险，还是谢安这样的名士，都是无法阻挡的。

面对大军压境，东晋方面因为早有准备，并没有惊慌失措。在谢安的举荐下，东晋孝武帝任命谢安的弟弟谢石为征讨大都督，谢安的侄子谢玄为先锋，率领8万北府兵迎击秦军主力；命令胡彬率领5000水军增援寿阳（今安徽寿县）；命令桓冲率领10万晋军控制长江中游，阻止顺江东下的裴元略水军。

谢石作为征讨大都督迎战前秦部队

　　苻坚的弟弟苻融率领前秦的先锋部队很快就攻占了寿阳，俘虏了晋军守将徐元喜。胡彬的援军在半路上得知寿阳失守后，便赶紧退守硖石（今安徽凤台西南），等待与谢石、谢玄的大军会合。苻融命令大军日夜兼程，围攻硖石。胡彬坚守硖石，牵制秦军，可粮草都用完了，只能写信向谢石求救。

秦军抓住了送信的晋兵，截获了重要情报。苻融立刻派人向苻坚报告，建议苻坚速战速决，围歼晋军。苻坚于是率领8000骑兵赶到了寿阳。苻坚顾不上休息，就派朱序到晋军大营去劝降。朱序原本是东晋的将领，被秦军抓住后假意投降了前秦，是一个"身在曹营心在汉"的人。朱序来到晋营后，向谢石提供了秦军的情报。朱序说："秦军虽然对外宣称有百万大军，但大部分军队还在后面。如果等秦军都到齐了，我们就不可能打赢这场战争了。现在应该抓住这样的机会速战速决。如果击败了他们的先锋部队，给他们一个下马威，就可以打败秦军了。"

谢石得到了朱序的情报后，改变了作战方针，决定转守为攻，趁秦军还没有站稳脚跟的时候主动出击。

十一月，谢玄派刘牢之率领5000精兵对洛涧（今安徽淮南）发动了突袭，秦将梁成率领5万士兵迎战，双方展开了激战。秦军没有做好战斗的准备，勉强抵挡一阵后就溃败了，死伤1.5万余人。洛涧大捷极大地鼓舞了晋军的士气，也揭开了淝水之战的序幕。

洛涧之战后，谢石、谢玄率军向西挺进，进驻淝水东岸，苻坚的军队驻扎在淝水西岸。苻坚等人登上寿阳城，见东晋军队布阵严整、井然有序，远处的八公山上树木林立，仿佛也是晋军士兵，不禁倒吸一口凉气："这是强敌啊！谁说他们弱小。"心中顿生畏惧之意。

淝水之战古战场碑，位于今安徽寿县

**前秦的溃败**

前秦军队驻扎在淝水岸边，东晋军队很难渡河。谢玄听从了朱序的建议，希望能够速战速决。于是他派使者前往前秦的军营对苻融说："您率领部队孤军深入，就是想要和我们马上交战。现在却在淝水岸边安营扎寨，难道是想和我们打一场持久战吗？如果您能将大军往后撤退几里地，让我们的军队渡河后，双方再痛快地打一仗以决胜负，不是更好吗？"

前秦的很多将领都反对答应这个要求，说："我们兵多，他们兵少。只要他们不能登陆，等我们的大军到来，就可以一鼓作气攻下东晋了。"苻坚不同意，他自作聪明地说："为什么要等更长的时间呢？本来我还在考虑怎么才能速战速决，现在敌人主动提出，这不是送上门来的礼物吗？我们假装答应他们的请求，让军队稍微后撤一点。等他们渡到一半的时候我们再发动突袭。这样不就可以取得胜利了吗？"

没想到，秦军一开始后撤，队伍就乱了，根本就没法停下来。原来，是朱序等降将在队伍后面故意高声呼喊："秦军失败了！"秦军士兵不知道真相，信以为真，都开始不要命地四散逃跑，于是假撤退变成了真逃命。苻融指挥自己的亲兵想要阻止不顾一切逃跑的士兵，结果战马失足，苻融一个踉跄跌下马来，被冲上来的晋军士兵杀死了。

主将苻融一死，秦军就更加混乱了。谢玄率领军队一路乘胜追击。逃跑的秦军被追赶得心惊胆战，听到风声与鹤鸣都以为是晋军杀过来了。他们只恨自己少生了两条腿，不分白天黑夜地跑。一路上饥饿困乏，天寒地冻，很多士兵都死在了逃亡的路上。

苻坚在逃跑的过程中被流矢射伤，出发时的百万大军，回到洛阳时只有十余万人了。前秦因此迅速衰落，各民族纷纷脱离前秦的统治，北方重新陷入分裂混乱的局面。淝水之战两年后，苻坚被杀。

据说，谢安接到捷报时，正在与一位客人下棋。谢安看完信后，随手将信放在身旁，好像什么事也没有发生过一样，继续陪客人下棋。客人很好奇，问他发生了什么事，谢安这才若无其事地回答说："信里说，谢玄他们已经打败了秦军。"下完棋以后，谢安返回屋里，在跨过门槛时，木屐的前半段折断了，他竟然一点儿也没有发觉。由此可见，谢安当时是非常激动的，只是极力控制着才没有流露出来。得益于谢安的东山再起，东晋终于赢得了淝水之战的胜利。

**小链接：**

东山再起：谢安年轻时跟王羲之是好朋友，经常在会稽（今浙江绍兴）东山组织诗会，游览山水，饮酒作诗。他在当时的士大夫阶层中名气很大，但他宁可隐居东山，也不愿出来做官。过了40岁，他才决定出来做官。后来，人们就把一个人长久隐居之后又重新出来做官称为"东山再起"。

**知识拓展：**

①王猛

（公元325年—公元375年），字景略，东晋北海郡剧县（今山东潍坊寿光东南）人，十六国时期著名政治家、军事家，官至前秦丞相、大将军。他辅佐苻坚扫平群雄，统一北方，被称作"功盖诸葛第一人"。

②谢安

（公元320年—公元385年），字安石，陈郡阳夏（今河南太康）人，东晋著名政治家。谢安在淝水之战中作为东晋军队的总指挥，以8万兵力打败了前秦的百万大军，为东晋赢得了几十年的和平与安宁。

# 第十章 采石之战

## 采石之战

【战役名称】采石之战
【交战时间】公元1161年
【交战地点】采石矶（今安徽马鞍山市西南）
【交战方】南宋vs金国
【参战方力量对比】南宋：20万人；金国：60万人。
【伤亡情况】不详。
【战役结果】南宋获胜。
【历史意义】采石之战粉碎了金国统治者渡江南侵、灭亡南宋的计划，加速了完颜亮统治集团的分裂和崩溃。

采石之战是南宋与金国之间的一场重要战役。在文臣虞允文的指挥下，宋军打败了金军。金军企图通过采石渡江南侵的计划因此落空。

**完颜亮的野心**

公元1148年，金兀术（完颜宗弼）因病去世，金熙宗任命海陵王完颜亮为右丞相。公元一一四九年正月，金熙宗又任命完颜亮为大元帅。完颜亮大权在握，又很注重和豪门大族的交往，势力迅速膨胀。这引起了金熙宗的不满和担心，于是将完颜亮降为领行台尚书省事，去汴京（今河南开封）赴任。完颜亮刚走到良乡，又被金熙宗召回，官复原职。完颜亮经过此事后，萌生了反叛之心。

金熙宗脾气不好，经常为了一点小事而滥杀无辜，引起朝臣的不满。被金熙宗不分青红皂白、严加惩处的大臣有驸马、尚书左丞相唐括辩，平章政事完颜秉德等人。这些人对金熙宗都心怀不满，揣着寻找机会推翻皇帝的念头。

唐括辩、完颜秉德先和大理寺卿完颜言密谋，想法子废黜金熙宗，完颜言向他们推荐了完颜亮。完颜亮问唐括辩："如果废黜了金熙宗，该立谁继位好呢？"唐括辩推荐了完颜元和完颜阿

完颜亮

楞。完颜亮反驳说："阿楞不行。"唐括辩笑道："你说阿楞不行，是因为你也有这个想法吗？"完颜亮很老实地回答说："如果没有其他更合适的人选的话，我肯定是可以的。"

完颜亮和唐括辩等人经常在一起，这引起了护卫将军完颜特思的怀疑，并报告给了金熙宗。金熙宗得知后，严惩了唐括辩。因为这件事情，完颜亮除了将完颜元、完颜阿楞看成最大的敌人外，也非常记恨完颜特思。

此时，河南发生了一件事情，一个名叫孙进的士兵假冒皇上的弟弟想要谋反。金熙宗怀疑是完颜元在背后做了手脚，就让完颜特思彻底调查。追查了半天，完颜特思也没有查出任何线索。完颜亮趁机对金熙宗说："孙进谋反，为什么不冒称其他人，却要自称皇弟大王呢？陛下的皇弟只有完颜元和完颜阿楞。完颜特思说查不出结果，我看是暗藏私心啊。"

金熙宗于是让唐括辩、萧肄审问完颜特思。完颜特思屈打成招，被迫指认了完颜元，完颜元因此被杀。为了根除后患，金熙宗下令把完颜查剌、完颜特思、完颜阿楞以及完颜挞楞等人也一同杀了。这样一来，金熙宗杀光了自己的手足兄弟，成了真正的孤家寡人了。

公元一一四九年十二月，早有预谋的完颜亮、完颜秉德、唐括辩等人入宫杀死了金熙宗，27岁的完颜亮继位，成为了新皇帝。

**进攻南宋的准备**

完颜亮发动宫廷政变、杀死金熙宗后自立为帝。此后的他做梦都想消灭南宋，把繁华的江南收归自己所有。公元1151年，完颜亮命令卢彦伦整修燕京皇宫，第二年迁都燕京。接着，他又命人扩建汴京，准备逐步南迁，以便更加靠近南宋。

公元一一五九年正月，所有宋金之间的榷场，除泗州外，全部被金国勒令停止，让人感受到了战争的压力。二月，完颜亮又命令户部尚书苏保衡等人在通州督造战船，并调集50多万军士、56万余匹战马、3万多名水手。

公元一一六一年四月，金国派使臣到南宋进行挑衅。五月，金使当面辱骂宋高宗，要求南宋割让土地。七月，完颜亮再次迁都汴京，做好了侵略南宋的准备。九月，完颜亮亲率32位将军、60万大军，兵分四路大举进攻南宋：东路大军，由完颜亮亲自率领，经寿春进攻淮南；中路大军，由刘萼、仆散乌者率领，经蔡州进攻荆襄；西路大军，由徒单合喜、张中彦率领，经凤翔进攻大散关；海路水军，由苏保衡、完颜郑家奴率领，经海道进攻临安。四路大军齐头并进，完颜亮显然想要一举灭亡南宋。

**兵败采石矶**

金国准备了这么长时间，要说南宋一点都不知道，那是不可能的。早在公元1158年，孙道夫担任贺金正旦使出访金国。他回国后立即上报朝廷，说金国有南侵之意，但宋高宗没有当一回事。宰相汤思退怀疑孙道夫散播金国进攻的谣言，是想借机劝说朝廷重新起用主战派将领张浚。汤思退心里很不高兴，于是就把孙道夫贬职了。

公元1159年年末，金国禁止百姓传播金兵即将南侵的消息。当时金国的贺宋正旦使施宜生也向南宋透露了金兵即将南侵的消息。南宋君臣都惊慌不安。这个时候宋高宗又在做些什么呢？他先立赵瑗为皇子，以便自己随时都可以退位；然后又派同知枢密院事叶义问出使金朝，探听虚实。可能在宋高宗看来，金国即将开战的事最好是个传言。

叶义问证实金兵即将南侵的消息后，右相陈康伯、兵部尚书杨椿主张立即布置两淮的防御。左相汤思退作为秦桧的帮凶，首先遭到主战派的反对。宋高宗没有办法，只好撤了汤思退的官职。

金军一路南下，没有遇到太多的抵抗。面对备战充足的金军，宋军往往是不战而溃。只用了一个月，金军已经抵达长江北岸的和州（今安徽和县）。

听到金军南侵的消息，南宋名将刘锜虽然染病，依然抱病积极布置淮东的防务。而负责淮西防务的王权却疏于防御，忙着偷偷地把家里的金银细软运走。金军因此轻易地渡过淮河，直逼长江。

金军兵临长江，此时的临安城里乱作了一团。在官员们的极力劝说下，宋高宗这才没有弃城逃跑，同意留在临安组织抵抗。十月中旬，宋高宗派知枢密院事叶义问视察江淮军马，中书舍人虞允文[①]担任特派员。这时，金军已经占领了真州（今江苏六合）和扬州，而南宋军队则节节败退，王权逃到了采石（今安徽马鞍山市西南），刘锜退守瓜州和镇江。

**采石矶之战**

完颜亮虽然高歌猛进，但后院却失了火。宗室完颜雍趁完颜亮南下，趁机夺权，并封自己为金世宗。如此一来，黄河以北的地区都归顺了金世宗。被抄了后路的完颜亮只能加紧进攻南宋，希望尽快消灭南宋，然后再以南宋为基地，反攻金世宗。

驻扎在和州鸡笼山的完颜亮决定于十一月初八从采石渡江。当天，虞允文到采石犒师。离采石还有好几里，就听到隆隆的战鼓声。虞允文派人打探，才知道金军要在今天渡江。他的随从们害怕极了，希望赶紧沿原路返回。虞允文厉声喝阻了他们，众人只好硬着头皮跟随虞允文来到了采石。驻扎在这里的宋军只有王权的残部，人数只有1.8万人，士气低落。士兵零零散散地坐在路旁，心里都在做着逃跑的打算。

虞允文问他们："金人都要渡江了，你们还坐在这里干什么？"士兵们见是一个文官，没好气地说："将军们都跑了，我们还打什么仗？"虞允文看到队伍松散，心里十分焦急，让朝廷新派将军已经来不及了。怎么办呢？情急之下，虞允文召集将士说："我是奉朝廷的命令到这里劳军的。你们只要为国家立功，我一定报告朝廷，论功行赏。"

其实，大多数宋军将士都是爱国的，他们气愤的只是少数将领的贪生怕死。在虞允文的鼓动下，士兵们很快就振作起来了。见大家都提起了精神，虞允文于是召集各位将领开会，对他们说："现在国家危难，更需要你们的忠心。如果你们放弃抵抗，等金军占领了采石，我们的国家马上就会亡国！现在你们还能往远处跑，等到国家灭亡了，你们还能跑到哪里去呢？"

虞允文的激将法唤起了将士们的斗志，他们摩拳擦掌，决心与金军决一死战。他们以山石为掩护，沿江布阵。金军本来以为采石守军早就逃散了，不料等靠近岸边才发现，宋军已经列好了战阵，并发起了凌厉的攻势。仓促应战的金军被打得无法登陆，想要后退却又被后面的战船死死顶住，只能硬往前闯。

宋军在岸边阻挡住了金军的登陆，同时又派水军迎战。南宋水军使用的是踏车海鳅船，又大又灵活。金军的渡船小，士兵本来就站立不稳，再加上南宋水军踏车海鳅船的攻击，很快就败下阵来。江面上到处都是倾覆的金军渡船，战死及溺水而死的金军士兵不计其数。

采石矶，位于今安徽马鞍山市西南　汪顺陵/摄

　　战至太阳下山，江面上的激战还没有结束。这时候，正好有一批从光州（今河南潢州）溃败下来的宋军士兵来到了采石。虞允文马上指挥将领收编他们，命令他们排列整齐，并给他们分发了大量的战旗和军鼓，让这些士兵在山后拼命地摇旗敲鼓。江面上的金兵忽然听到南岸鼓声震天，又看到山后有无数的旗帜在挥动，认为宋军一定调来了大批援兵。金军士兵再也无心恋战，他们纷纷调转船头，仓皇逃回了北岸。仅这一战，金军就伤亡了七八千人。

　　虞允文早就料到金军不会甘心失败，一定会疯狂反扑。他连夜把战船分为两队，一队开到上游，一队留在渡口。不出虞允文所料，第二天金军果然又组织了渡江的攻势，早已严阵以待的南宋水军采取夹击战术，包围了金军渡江的船队。宋军采用了火攻，一时间采石附近的江面上火光冲天，烈焰无情地吞噬着金军的战船，船上的金兵有的被火烧死，有的则跳江逃生。很多浮在江中的金兵成为了宋军士兵杀戮的目标。南宋军队又一次打败了金军。

接二连三的失败迫使完颜亮只得退回和州，接着又逃往扬州。可他在扬州等到的却是其他几路金军溃败的消息。在进退无门的情况下，完颜亮决定孤注一掷，他下令各路金军必须在三天之内渡过长江，攻下南宋都城，否则全部处死。

如此严苛的命令势必激化金军的内部矛盾。第二天清晨，金军将领耶律元宜发动兵变，杀死了完颜亮。十二月初，金军撤退，宋军趁机收复了两淮失地。

采石之战是宋金战争史上具有极其重要意义的一次战役。南宋军民在文臣虞允文的指挥下打败了金军主力，致使完颜亮渡江南侵、灭亡南宋的计划破产，直接导致了完颜亮统治集团的分裂和崩溃，江南地区的百姓也因此免受金军的蹂躏。

**知识拓展：**

①虞允文

（公元1110年—公元1174年），字彬父，一作彬甫，南宋隆州仁寿（今属四川）人，南宋大臣，抗金名将。虞允文不仅诗文出色，还是一位很有成就的书法家，传世的墨迹有《适造帖》《钧堂帖》等。

# 第十一章 鄱阳湖之战

## 鄱阳湖之战

【战役名称】鄱阳湖之战
【交战时间】公元1363年
【交战地点】鄱阳湖
【交战方】朱元璋vs陈友谅
【参战方力量对比】朱军：约20万人；陈军：约65万人。
【伤亡情况】朱军：1346人亡，11347人伤；陈军：陈友谅及大部分军队阵亡。
【战役结果】朱军获胜。
【历史意义】鄱阳湖之战是中国水战史上以少胜多的著名战役，为朱元璋统一江南奠定了基础。鄱阳湖之战被认为是中世纪规模最大的水战。

鄱阳湖水战是发生在陈友谅与朱元璋之间的一次决战，是当时世界上规模最大的水战。朱元璋最终取得了胜利，为统一江南、推翻元朝奠定了基础。

**朱元璋的诱敌之计**

公元一三六〇年闰五月，陈友谅[1]率水军10万越过池州（今安徽贵池），攻占太平，夺取采石。陈友谅派使者和张士诚[2]联系，希望他能够共同出兵，一举消灭朱元璋。

此时的朱元璋腹背受敌，他可利用的是应天（今江苏南京）城池坚固、地形复杂的有利条件；再是根据陈友谅和张士诚各自的性格来采取不同的策略各个击破。

朱元璋

对于足智多谋的张士诚，朱元璋采取的策略是以防为主，主要是防止他发动突然袭击；而对于陈友谅，朱元璋则是利用他求战心切、骄横轻敌的心理，采取诱敌深入的战术，寻找机会设伏聚歼。

当时陈友谅的水军使用的是大型的船舰，这种船舰高数丈，分上、中、下三层。涂上了红漆的战舰，楼台耸立，非常威武，所以人们又称之为楼船。这种大型的战舰在长江中比较实用，然而一旦驶入了窄浅的新河，行动就很不方便了。面对拥有强大水军的陈友谅，朱元璋希望能够想办法诱使陈友谅弃舟登岸，继而发挥自己陆军的优势，予以歼灭。

朱元璋为了诱使陈友谅登岸，使用了诈降的计策。他让陈友谅的老友、元朝降将康茂才写信给陈友谅，说愿意归降陈友谅，作为内应协助陈军，并约定在江东桥（今南京江东门附近）会合，以喊"老康"为暗号。

与此同时，朱元璋命常遇春等人率兵3万埋伏于石灰山（今南京幕府山）侧，徐达等率兵埋伏于南门外，赵德胜率兵埋伏在虎口城，杨璟率兵驻扎在大胜港（今南京城西南十五里），张德胜等率领水师在龙江关（今南京兴中门外）待命，朱元璋则亲自率领主力在卢龙山（今南京狮子山）设伏。另外，朱元璋还派遣胡大海从婺州（今浙江金华）、衢州方向率兵进攻信州（今江西上饶），以牵制陈友谅。

陈友谅接到康茂才的信后信以为真，立即率军从采石抵达大胜港。

到了江东桥，陈友谅连呼"老康"却没有得到回应，才明白自己上了当。

朱元璋看到陈军进入了伏击圈，立刻发出信号。四周的伏兵一拥而上，水陆夹击。陈军阵脚大乱，急忙逃回船上。陈军的巨舰搁浅，2万人被俘，被杀和落水身亡者更是难以计数。陈友谅乘小舟逃回江州（今江西九江），才捡回一条命。

应天之战拉开了鄱阳湖水战的序幕。此役之后，朱元璋率军乘胜追击，不仅夺回很多失地，还趁机向西推进，攻占了陈友谅控制的很多城池，实力大大增强。此时朱陈两军已经是势均力敌了，双方都为一场空前规模的水战做好了准备。

### 一场规模空前的水战

公元一三六三年二月，张士诚派兵围攻小明王韩林儿的据点安丰（今江苏宝应）。小明王无力抵抗，向朱元璋求援。安丰既是小明王的据点，也是应天的屏障，救安丰即是保应天。朱元璋于是在三月率兵驰援安丰。

四月，陈友谅趁朱军主力北上救援安丰之际，率领60万水陆大军向朱元璋的地盘发动进攻，很快就占领了吉安、临江（今江西樟树）、无为等几座城池，开始围攻洪都（今江西南昌）。

洪都的地理位置非常重要，由赣江向北经鄱阳湖与长江相连。守城朱军浴血奋战，死守洪都，坚持了一个多月。此时，朱元璋让徐达率领主力部队继续围攻庐州（今安徽合肥），自己则迅速赶回大本营。当朱元璋获悉陈友谅全军出动围攻洪都，却没有直接攻打应天时,忍不住哈哈大笑。左右部属不解。朱元璋说:"本来我们都会成为丧家之犬,现在陈友谅要变成稻灰里的泥鳅了。"

朱元璋认为,消灭陈友谅的最好时机已经到了。他命令洪都守军一定要再坚守一个月,拖垮陈军,为己方调兵遣将争取时间,同时让徐达从庐州撤退,回师应天。

鄱阳湖

陈友谅听说朱元璋亲率大军增援，于是放弃了对洪都的围攻，准备在鄱阳湖痛击朱元璋。一场规模空前、激烈异常的水战就此在鄱阳湖全面展开了。

二十日，两军在康郎山（今鄱阳湖南部）湖面遭遇。当时陈军把巨舰联结在一起，绵延数十里，气势夺人。可是这样一来，大船的行动就很不方便，转弯、掉头都十分困难。针对这一弱点，朱元璋将己方舰船分为20队，每队都配备大小火炮、火铳、火箭等武器，下令各队在接近敌舰时，先发火器，再用弓弩，最后用短兵器进行肉搏。

二十一日，双方在鄱阳湖展开激战。朱军大将徐达身先士卒，率领舰队勇猛冲击，击败陈军先锋，毙敌1500余人，缴获一艘巨舰。俞通海趁风发炮，击毁了陈军的20余艘舰船，战死、淹死的陈军士兵也是不计其数。朱军的伤亡也不小，但看到朱元璋的战船陷入泥沙中动弹不得，陈军的战船便高速冲了过来，形势万分危急。情急之中，一个副将换上了朱元璋的衣冠，跳入水中。陈军以为朱元璋跳水自杀，遂放松了进攻，朱元璋这才趁机逃脱。残酷的战斗呈现胶着的状态。

二十二日，朱元璋采纳了部将郭兴的建议，决定改用火攻来破敌。黄昏时分，湖面上刮起了东北风。朱元璋组织了敢死队，驾驶七艘装满火药、柴草的渔船，在靠近敌舰时顺风放火。一时间，只见浓烟滚滚、烈焰冲天，陈军数百艘巨舰被焚毁，许多陈军将领和士兵被烧死。朱元璋率军趁势发起猛攻，又杀死了陈军2000余人。

**朱元璋采用火攻克敌**

  二十四日，俞通海等人率领六艘战船突入陈军舰队。朱军将士勇猛非凡、如入无人之境。陈军敌不过朱军的猛攻，败下阵来。面对接连的失利，陈友谅不敢再战，只得收拢残部，转为防御。当天晚上，朱元璋乘胜占领了鄱阳湖东岸的左蠡（今江西都昌西北），控制了鄱阳湖湖口；陈友谅退守湖西的诸矶（今江西星子南），形势对陈友谅越来越不利。

朱元璋认为，陈友谅很有可能突围退入长江。于是，他移师湖口，在长江南北两岸设置木栅，并在江中安置了大船、火筏等物，以阻止陈军后撤；又派兵夺取蕲州（今湖北蕲春）、兴国（今湖北阳新），控制了长江中游，堵住了陈友谅的退路。

经过一个多月的对峙，被困湖中的陈军给养消耗殆尽。陈友谅决定孤注一掷，拼死突围。

八月二十六日，陈友谅从南湖嘴突围，企图进入长江，退回武昌。但是在湖口、泾江两地遭遇朱元璋的伏兵，陈友谅中箭身亡。失去主帅的陈军瞬间溃败，5万余人全部投降。

鄱阳湖水战从七月二十日开始，到八月二十六日结束，前后历时37天，其交战时间之长，规模之大，投入兵力、舰只之多，战斗之惨烈，都是世界古代战争史上绝无仅有的。

公元一三六四年二月，朱元璋攻下武昌，占领了陈友谅的大本营，陈友谅的儿子陈理投降。朱元璋占领了陈友谅全部的势力范围，成为江南地区最大的一支起义军。

**知识拓展：**

①陈友谅

（公元1320年—公元1363年），湖北沔阳（今湖北仙桃）人，元朝末年农民起义领袖之一。元至正十九年（公元1359年）自称汉王。次年闰五月自立为帝，建国号大汉，改元大义。此后陈友谅一面继续反元，一面把军事重心放在对朱元璋部的战争上。元至正二十三年八月（公元1363年），在九江口中流矢身亡。

②张士诚

（公元1321年—公元1367年），原名张九四，泰州白驹场（今江苏大丰西南）人，元末农民起义领袖之一。因无法忍受盐官欺压，与其弟等十八人起兵反元，史称"十八条扁担起义"。占据高邮，自称诚王，国号大周，建元天佑。张士诚一度伪降元朝，不久再度公开反元，最终亡于朱元璋。

# 第十二章　平壤大捷

## 平壤大捷

【战役名称】平壤大捷
【交战时间】公元1593年
【交战地点】平壤（今朝鲜平壤）
【交战方】明朝联军vs日军
【参战方力量对比】明朝联军：约4万人；日军：约2.5万人。
【伤亡情况】明朝联军：约800人；日军：不详。
【战役结果】明朝联军获胜。
【历史意义】平壤大捷迫使日军退缩至朝鲜东南沿海一隅，从而扭转了战局。

平壤大捷发生在公元1593年。丰臣秀吉统一日本后，为了获取更多的土地，将侵略的目标瞄准了朝鲜。朝鲜抵挡不住日本的进攻，于是向明朝求救。明朝军队与日本侵略军在平壤发生激战，最终明军大胜。

**日本的黑手**

丰臣秀吉①虽然在公元1590年统一了日本，但国内的隐患让他不安。由于统一了全国，武士阶层对土地的需求大大增加。如果满足这些武士的要求，就会侵犯其他社会阶层的利益，引发新的矛盾；如果不能满足这些武士的要求，则可能会发生新的叛乱。

丰臣秀吉认为，解决的办法只有一个，那就是发动战争，获取更多的土地。这样一来，既能满足武士们对土地的要求，也不会影响其他人的利益。朝鲜是日本的邻国，由于国王李昖②重文轻武，内部派别争斗又很激烈，以至全国300多个郡县没有军队设防。公元一五九一年五月，丰臣秀吉决定进攻朝鲜。

**丰臣秀吉**

公元一五九一年六月，丰臣秀吉派使者到朝鲜通告李昖，日本准备在来年春天进攻明朝，希望朝鲜能够提供便利，让日军通过并提供协助。

朝鲜国内一些明智的大臣担心，日本进攻明朝是借口，真正的目的是要占领朝鲜。李昖因为朝鲜和明朝一直保持良好的关系，拒绝了日本的无理要求。

丰臣秀吉假装大怒，其实内心高兴得不得了。他就是要找一个借口，好发动对朝鲜的战争。公元一五九二年三月，丰臣秀吉指责朝鲜对日本"不敬"，调集大军，以宇喜多秀家为总指挥，兵分九路，进攻朝鲜。

日军偷袭朝鲜东南部的釜山得手后，兵分三路北上，气势汹汹地直扑朝鲜的都城王京（今韩国首尔）。朝鲜军队根本不是日军的对手。公元一五九二年五月，日军在占领了王京和古城开城后，到处烧杀抢掠。日军野蛮的行径使朝鲜遭到空前的浩劫。李昖仓皇出逃，暂时安身在中朝边境的义州（今朝鲜新义州）。

当时朝鲜大部分国土都已经沦陷，只有靠近辽东半岛的义州地区还在朝鲜军队的控制下。李昖意识到，如果不能得到明朝的援助，朝鲜很快就会灭亡。他一连派出几批使臣向明朝求救。朝鲜的使臣们除了向明神宗朱翊钧[3]递交国书，还分别去游说明朝的大臣们，希望他们能为朝鲜仗义执言。为了促使明朝尽快出兵，朝鲜甚至表示愿意成为明朝的一个省。

由于朝鲜与明朝仅一江之隔，日本占领朝鲜后必将严重威胁明朝的安全。唇亡齿寒，在经过一番激烈的讨论之后，明神宗朱翊钧决定：允许朝鲜国王李昖渡过鸭绿江，居住在辽东半岛的宽奠堡（今辽宁宽甸），正式受到明廷的庇护；同时派遣镇守辽东的明军先行入朝参战。

**平壤攻防战**

朝鲜为了促使明朝尽快出兵，除了派出几批使臣外，还派出特使李德馨求见明朝辽东巡抚郝杰，希望他能迅速发兵，援救朝鲜。出兵大事，郝杰不敢私自做主，李德馨就在郝杰家门口日夜痛哭，最后感动了郝杰。等接到朝廷的命令后，郝杰立即派副总兵祖承训率兵连夜出发，救援朝鲜。

然而，由于出兵仓促，祖承训只带了一名参将、两名游击将军、5000名骑兵奔赴朝鲜。等到祖承训赶到平壤时，平壤已经被日军占领。稍微休整之后，祖承训就率领明军攻打平壤。可惜在巷战中骑兵无法发挥优势，反倒成为日军鸟铳的攻击对象。经过一番惨烈的交战，5000明军悉数阵亡。祖承训带着几名部下冒死突围，逃回明朝。

这一消息传回京城后，朝廷内外一片震惊。祖承训因为战败，被朝廷革职。

公元一五九二年十月十六日，明廷任命李如松[④]为总兵官，其弟李如柏、李如梅为副总兵官，率领4万精锐部队开赴朝鲜。明神宗考虑到大敌当前，祖承训虽是败军之将，可他是唯一跟日军交过手的将领，于是重新起用祖承训，继续让他带兵打仗。十二月二十五日，李如松率领大军渡过鸭绿江，进入朝鲜。

公元1593年年初，李如松率军兵临平壤城下。当时驻守平壤的日军将领是小西行长。他看到明朝大军已经做好了攻城准备，于是一方面向周围日军求救，一方面命令平壤日军严防死守，等待援军。

**李如松进入朝鲜对抗敌人**

平壤战役就此打响了。

日军当时配备了较先进的火绳枪，依托平壤城墙及城外各堡垒的掩护，占有一定的优势，不少明军纷纷倒在了火绳枪的枪弹之下。在激烈的战斗中，总兵官李如松的坐骑被流弹击毙；副总兵官李如柏的头盔被击中；游击将军吴惟忠胸部中弹，身负重伤。

李如松意识到，明军的单兵火力和鸟铳射程都比不上日军，如果这样贸然冲上去，只会增加伤亡。如果保持一定的距离，日军的火绳枪就难以发挥作用了。怎样才能既有效打击日军，又避免己方伤亡呢？正当李如松苦思之时，他一眼就看到了专门调拨过来的"虎蹲炮"。于是他令旗一挥，让进攻部队撤退到安全距离之外，推出了"虎蹲炮"。明军的"虎蹲炮"射程远、杀伤力大，是当时火力非常强大的武器。

明军"虎蹲炮"的轰击不但压制住了日军的火力，更使日军伤亡惨重。

虎蹲炮

**小链接：**

虎蹲炮：虎蹲炮属于用手点火发射的火炮，在炮口和第二节炮筒之间设置了固定炮架，炮口始终上仰，因其形状像虎蹲的姿势，所以得名虎蹲炮。根据《火炮式谚解图》的说明，该炮全部由铸铁制成，全长40厘米，口径4厘米，外径14厘米，填装一次需要炮捻半条、火药6两、土隔2寸、铅丸70颗或铁丸30颗。

看到日军的火力被压制住之后，李如松迅速找来祖承训，给他下了一道密令。

这是一道什么样的密令呢？

以往每当攻城时，通常是由朝鲜军队负责围攻平壤的西南城墙。由于看到朝鲜军队的战斗力不强，日军也就放松了对西南角的防御，而是把精锐部队派往其他阵地。可是今天攻城的这支朝鲜军队却勇猛异常。等到他们攻上城墙，脱去朝鲜军服，露出明军铠甲的时候，日军这才恍然大悟，但此时再从其他地方调兵支援已经来不及了。

原来李如松密令祖承训，让他率部在铠甲外面套上朝鲜士兵的服装，绕到平壤的西南角，混在朝鲜军队中攻城。祖承训早就想找机会一解上次战败的心头之恨，给阵亡的数千名弟兄报仇。他身先士卒，拼死冲杀。主帅的勇猛点燃了明军士兵杀敌的怒火，他们前赴后继，一鼓作气攻上了城墙。

眼看大势已去，小西行长只能率部向东突围。

### 辉煌的战果

平壤战役前，宇喜多秀家接到小西行长的求援，命令凤山守将大友吉统率领1万精兵驰援平壤。大友吉统率军赶到平壤城外50余里的地方，听到前方炮声震天，看到数不清的明军军旗猎猎飘扬，一时间不敢接近，竟带着援军不战而逃了。小西行长率领的部队有1.8万余人，在平壤守卫战中被明军歼灭了1200多人，突围时又被斩杀了300多人。如惊弓之鸟的小西行长连夜逃奔数百里，直到到了开城府才敢停下来喘口气。为了逃命，日军沿途丢弃了无数的粮草和辎重。此时，李如柏率领8000铁骑已经追杀过来，小西行长无心恋战，放弃开城府，率领残余人马退回汉城府。宇喜多秀家也发出号令，让据守在黄海道、平安道、京畿道、江原道等地的日军全部撤退到汉城府。汉城府原是李氏朝鲜的首都，如今被侵朝日军当作了大本营。被明军打败的宇喜多秀家打算在这里集结兵力，重整旗鼓，再和明军决一死战。

平壤大捷的消息一经传开，朝鲜各地的义军纷纷起兵反抗，搞得日军焦头烂额，只得龟缩在汉城府里，不敢轻举妄动。

在平壤战役中，日军损失惨重，而明军仅仅伤亡几百人，毫无疑问，这是一次辉煌的大捷。

平壤大捷使侵朝日军损失惨重，只得龟缩到朝鲜东南沿海一带等待机会。三年以后，日军卷土重来，再一次威胁朝鲜的主权。明朝又一次出兵援助朝鲜，在陆战中屡战屡胜。在海战中，明、朝两国水军并肩作战，火攻日军战舰，全歼日本水军，终于把日本侵略军全部赶出了朝鲜。

**知识拓展：**

①丰臣秀吉

（公元1536年—公元1598年），出身日本低等武士，后来官至太阁（即宰相），成为日本的实际统治者。他用武力统一了日本，是一位传奇人物。

②李昖

（公元1552年—公元1608年），李氏朝鲜第14任君主，庙号宣祖。他在位期间，朝中大臣分裂成东人和西人两派，两派纷争不断，导致朝廷风气败坏，朝政紊乱。后又遭遇日军入侵，令其疲于奔命，而朋党却在这时逼他罢黜名将李舜臣，导致形势更加恶化。

③明神宗朱翊钧

（公元1563年—公元1620年），明朝第13位皇帝。即位初期，明朝面临内忧外患，在内阁首辅（相当于宰相）张居正的辅佐下，他发起新政改革。亲政初期，他勤于政务，取得了一定的成就，史称"万历中兴"。他在位48年，是明朝在位时间最长的皇帝。

④李如松

（公元1549年—公元1598年），字子茂，号仰城，辽东铁岭卫（今辽宁铁岭）人，辽东总兵李成梁的长子，明朝名将。曾指挥过万历朝鲜战争，后出任辽东总兵，在与蒙古部落的交战中阵亡。

# 第十三章　民族英雄郑成功收复台湾之战

## 民族英雄郑成功收复台湾之战

【战役名称】民族英雄郑成功收复台湾之战
【交战时间】公元1661年—公元1662年
【交战地点】大员、赤嵌（今台湾台南）
【交战方】郑成功vs荷兰殖民者
【参战方力量对比】郑军：2.5万人，300艘战船；荷军：约2200人。
【伤亡情况】郑军：不详；荷军：约1600人。
【战役结果】郑军获胜。
【历史意义】收复了被荷兰殖民者占据38年的中国领土台湾，结束了荷兰东印度公司在台湾的殖民统治，开启了郑氏家族对台湾的统治。

台湾自古以来就是中国的领土。明朝末年，荷兰殖民者侵占了台湾岛。公元1661年，郑成功①为了取得稳固的抗清基地，决心渡海东征，驱逐荷兰殖民者，收复台湾岛。

**初战告捷**

公元一六六一年二月，郑成功率军从厦门出发，渡过台湾海峡，抵达澎湖。他对随行的将领说："如果能够收复台湾，我们就有了反清复明的大后方了。"郑成功留下陈广、杨祖、林福、张在等4名将领镇守澎湖。

郑成功亲自率领2.5万名士兵，分乘数百艘战舰驶向台湾。郑成功让曾经给荷兰殖民者当过通事（即翻译）的何斌引导船队绕过荷军炮台，在鹿耳门港强行登陆。当地群众数千人前来迎接郑成功的军队。人们奔走相告，还送来了大量的慰问品。

当时，荷兰殖民者驻守台湾的兵力只有1000多人，长官揆一率领800多名士兵驻守在热兰遮城堡（位于台湾城，今台南安平），另有400名士兵驻守在普罗民遮城（位于赤嵌城，今台南市内）。此外，荷兰殖民者在海上还有"赫克托"号等4艘战舰。

郑军顺利登陆后，荷兰殖民者企图在海上和陆上同时发起进攻，趁郑军立足未稳之际一举消灭郑军。在海上，"赫克托"号率领三艘战舰首先向郑军开炮，郑成功则派出60艘战舰迎敌。

海战进行得非常激烈。虽然荷兰战舰在吨位和装备上强于郑军，但郑军战舰在数量上占有绝对优势。双方进行着激烈的炮战。一时间，海面上炮声隆隆。突然，一枚炮弹击中了"赫克托"号的弹药舱，引起了强烈的爆炸。巨大的冲击波撕碎了"赫克托"号，"赫克托"号连同船上的水兵全部葬身海底。另一艘荷舰"斯格拉弗兰"号也被郑军的火船引燃，仓皇逃离战场。海战最终以荷方的惨败而告终。

"赫克托"号连同船上的水兵全部葬身海底

古代中国著名战役 131

陆战是在一个名为北线尾的沙洲上展开的。郑成功命令黄昭率领500名铳手列阵，从正面阻击荷军，为了加强火力，郑成功还为他们配备了200门小炮；杨祥率领500名藤牌手绕到荷军左翼发动攻击；萧拱宸率领20艘大船佯装攻打热兰遮。

荷兰殖民者派出242名士兵应战。他们以12人为一排，连放三排枪后，突然感到情形不对。他们原以为三轮齐射后，郑军就会被吓跑。没想到郑军并没有溃散，而是从正面及侧面兵分两路杀过来。郑军强大的火力打得荷军根本无法招架。面对勇猛冲杀的郑军士兵，荷军士兵吓得魂飞魄散，丢盔卸甲，四下溃逃。郑军趁势全线出击，击毙了118名荷军士兵，剩下的士兵落荒而逃。

**收复台湾**

郑军在海上、陆上初战告捷，荷兰殖民者再也不敢主动出击了，他们龟缩在城堡里等待救援。郑军包围了普罗民遮城，切断了它同热兰遮城堡之间的联系，荷兰殖民者的两座城堡陷入孤立。郑军进行了严密的封锁，严禁任何人同荷兰殖民者接触。

在完成对两座荷兰城堡的包围之后，郑成功决定先攻打台湾本岛上的普罗民遮城。四月，他命令士兵每人持草一束堆置城下，同时派人向荷军将领发出最后通牒，如果再不投降就点火焚城。

赤嵌楼，位于今台湾台南

    普罗民遮城的荷军士兵被迫投降。郑军因此得以在台湾站稳脚跟。郑成功致信荷兰殖民当局，要求热兰遮守军无条件投降。郑成功许诺，荷兰殖民者可以携带全部财物乘船离开台湾。

    当天，荷兰殖民者讨论是否接受郑成功提出的条件。荷兰殖民者明白，普罗民遮城已被郑军攻克，热兰遮守军只有500人，形势对他们极为不利。但是，荷兰殖民者也很不甘心，因为一旦接受这样的条件，他们就再也不能回到台湾了。最后，荷兰殖民者提出，保留热兰遮和普罗民遮城，郑军可以占领其他地区。

    这是一种缓兵之计，实际上是想保住这两个重要的军事据点，等援军到来之后，则可以重新霸占台湾及澎湖。

    事关国家主权，郑成功毫不退让，双方的谈判陷入了僵局。

    五月，郑成功的援军乘20艘战舰到达台湾，军事力量进一步增强。与此同时，郑成功开始着手建立台湾的行政机构：把普罗

**荷兰殖民者向郑成功投降**

民遮城改名为承天府，任命杨朝栋为府尹，府下设天兴、万年二县，庄文烈、祝敬分别担任知县。

郑成功率领主力部队围攻热兰遮城堡，只等堡内荷军弹尽粮绝，自动投降。七月二十一日，荷兰殖民者派出的救援舰队到达热兰遮海域。被困荷军欣喜异常，以为可以里应外合，击退郑军。救援舰队来势汹汹，郑军水师奋勇回击，击毁荷军战舰两艘，俘获战艇三艘，击毙荷军130余人。荷兰援军损失惨重，只得灰溜溜地撤退了。

援军溜走，堡内荷军开始绝望。闰十月二十五日，一批荷兰守军出城向郑军投降。他们不仅提供了热兰遮城堡内的详细情报，还提出了两条攻城建议：一条是"连续攻击，瓦解斗志"；另一条是攻占热兰遮城堡旁边小山头上的乌德勒支圆堡，以夺取制高点。郑成功立即调集军队，配备了28门火炮，开始了攻坚战。

公元一六六一年十二月六日（公元1662年1月25日），在郑军攻占了乌德勒支圆堡后，荷兰殖民者终于向郑成功投降。

郑成功和他的将士们成功地驱逐了荷兰殖民者，收复了宝岛台湾，在抵御外强的战斗中表现出了华夏儿女寸土必争、无所畏惧的英雄气概。他们为收复祖国的神圣领土所做出的贡献将永载史册。

**知识拓展：**

①郑成功

（公元1624年—公元1662年），本名森，又名福松，字明俨、大木，福建泉州南安人，明末清初军事家、抗清名将、民族英雄。清朝初年率部在东南沿海抗清。公元1662年击败荷兰殖民者，收复台湾，开启了郑氏家族在台湾的统治，不久即病死。

## 第十四章　雅克萨之战

### 雅克萨之战

【战役名称】雅克萨之战
【交战时间】第一次：公元1685年；
　　　　　　第二次：公元1686年—公元1689年
【交战地点】雅克萨（今俄罗斯阿尔巴津）
【交战方】清朝vs俄国
【参战方力量对比】第一次：清军：约3000人；俄军：450人。
　　　　　　　　　第二次：清军：2100人；俄军：826人。
【伤亡情况】清军：不详；俄军：超过600人。
【战役结果】清军获胜。
【历史意义】雅克萨之战的胜利挫败了沙俄跨越外兴安岭侵略我国黑龙江流域的企图，遏制了几十年来沙俄对我国的侵略，使东北边境在此后一个半世纪的时间里基本上得到了安宁。

雅克萨之战发生在清朝与沙皇俄国之间。当时，沙俄想要侵占我国黑龙江流域的大片领土，清军被迫进行自卫反击。公元1685—1687年，清军为了收复雅克萨（今俄罗斯阿尔巴津），对入侵的沙俄军队进行了两次围歼战。虽然清军在武器装备上处于劣势，但还是打败了沙俄军队，赶走了侵略者。

**沙俄垂涎黑龙江流域**

雅克萨是黑龙江上游的重要门户，坐落在黑龙江上游北岸。"雅克萨"是满语的音译，意为"河岸上呈半圆形的河湾"。雅克萨原先是达斡尔族的住地。无论是从贝加尔湖方向，还是从外兴安岭方向，要进入黑龙江中下游地区，雅克萨都是必经之地。

雅克萨之战纪念碑，位于今黑龙江漠河

公元1649年，哈巴罗夫[①]向雅库茨克长官弗兰茨别科夫请命，自愿带领一支沙俄军队入侵中国。沙俄军队由雅库茨克南下，越过外兴安岭，最后到达雅克萨。虽然达斡尔人进行了殊死抵抗，但由于武器落后，最终还是被沙俄军队打败了。

沙俄军队占领雅克萨之后，强迫生活在黑龙江流域的达斡尔、鄂伦春等少数民族居民将貂皮、沙金作为"实物税"缴纳给沙俄当局，还对当地的中国居民进行血腥的屠杀和掠夺。他们为沙俄当局抢掠了大批的马匹、牛羊、粮食以及毛皮等珍贵物产。当时在位的俄国沙皇彼得大帝[2]及摄政的索菲亚公主都特别重视黑龙江流域。

公元1682年，康熙赴关东东巡，了解关东地区特别是沙俄军队入侵黑龙江流域的情况。公元1683年，清政府决定在黑龙江设防，设置黑龙江将军，任命熟悉边情的萨布素为黑龙江将军。清政府修筑了黑龙江城（今黑龙江黑河），作为开发黑龙江流域的基地。经过清朝军民三年的努力，从墨尔根（今黑龙江嫩江）到雅克萨对岸修建了全长1300里、有25个驿站的驿路，从而确保了通信的顺畅。

除此之外，清政府还建立了黑龙江水师，建造了50多艘战船和运输船，有水军400多名，存储了7000石军粮，足够3000名士兵食用三年。

有了这些保障，清政府决定用武力赶走沙俄侵略者。

**第一次雅克萨之战**

清军派人通知盘踞在雅克萨等地的沙俄军队，要求他们迅速撤离。沙俄侵略者不但不听，反而变本加厉，明目张胆地到黑龙江城抢掠。黑龙江将军萨布素率兵出击，击败俄军后乘胜追击，一举攻克了黑龙江下游沙俄军队建立的侵略据点。为了给即将展开的雅克萨战役做准备，萨布素下令将这些据点全部焚毁，使雅克萨成为一座孤城。

**第一次雅克萨之战**

公元一六八五年正月，为了彻底清除沙俄侵略者，康熙命都统彭春赴黑龙江城，负责收复雅克萨。彭春率领3000名清军携带火炮和刀矛、盾牌等兵器，乘坐战舰从黑龙江城出发，分水陆两路向雅克萨进发。除了原本驻防黑龙江的1000多名满洲八旗兵外，还从京营八旗兵中选调了近200名精悍的士兵，从山东、山西、河南等地的汉军中征调了500人，从福建籍官兵中选拔组建了500名藤牌兵。此外，精于骑射的赫哲、达斡尔等少数民族也选出500名士兵，组成了"新满洲"营。

彭春率军抵达雅克萨，首先要求侵略军头目托尔布津退出清朝领土。托尔布津自恃雅克萨城防御坚固，自己手下有450名士兵、三门火炮、300支火绳枪，傲慢地拒绝了。清军随即发起进攻，步兵在城南列阵，战舰在城东南汇集，火炮则布置在城北。清军步兵首先发动攻击，士兵们呐喊着强行攻城，但遭到了守城沙俄军队的拼命抵抗。沙俄军队的火绳枪发挥了巨大的威力，很多清军士兵被火绳枪击中，倒在了城下，受伤的清军士兵则痛苦地哀号着。清军的多次进攻都没有奏效。

初战小胜的托尔布津狂妄地认为，就是3万清军也别想打下雅克萨。看到步兵进攻受阻，彭春不想再对侵略者心慈手软了。他希望速战速决，减少士兵的伤亡。第二天一早，彭春命令清军推出"神威无敌大将军炮"和"神威将军炮"，发炮轰击雅克萨城，刹那间，炮声震天，地动山摇。威力强大的炮击把沙俄侵略者炸得哭爹喊娘，伤亡惨重。此时的托尔布津被吓得面如土色。他知道再坚持下去，清军的火炮很快就会把雅克萨城夷为平地。

托尔布津打出白旗，请求投降，并且保证"不再侵犯清朝边境"。彭春网开一面，允许残余俄军携带个人财物离开雅克萨，并且提供了必要的马匹和食物，将他们押送到了额尔古纳河河口。

清军在焚毁了雅克萨城之后，退回了黑龙江城。

沙俄军队垂头丧气地回到了尼布楚（今俄罗斯涅尔琴斯克）。当听说清军撤退之后，托尔布津背弃了自己的诺言，再次率军入侵黑龙江流域，重新占领了雅克萨，由此引发了第二次雅克萨之战。

**清军都统彭春**

**小链接:**

神威无敌大将军炮和神威将军炮:"神威无敌大将军炮"是一种大型的长管攻城炮,比利时传教士南怀仁在公元1676年为清政府督造了首门这款大炮,炮重1137千克,炮身长2.48米,口径110毫米,炮弹重3~4千克,每次发射需装填1.5~2千克火药。"神威将军炮"算得上是前者的"袖珍版",长约2.2米,炮管口径约110毫米,重195公斤,每发炮弹重560克,需装填火药250克,首造于公元1681年。正是依靠这两种火炮,清军在第一次雅克萨之战中大获全胜,炸毁了雅克萨的木制城墙和塔楼,炸死、炸伤俄军100余人。

神威无敌大将军炮

**第二次雅克萨之战**

沙俄侵略者这种背信弃义的可耻行为引起了清朝统治者的极大愤慨。康熙接到奏报后下令反击，要求清军一定要狠狠地教训侵略者。

公元一六八六年七月，清军2000多人将雅克萨团团围困起来，命令沙俄侵略者投降。托尔布津还像上次一样，根本不加理会。他还希望凭借武器装备的优势与清军抗衡，从而等待援兵。

清军开始猛烈攻城。在激战中，托尔布津中弹身亡，杯敦接替托尔布津担任前线指挥，继续负隅顽抗。考虑到沙俄侵略者死守雅克萨一定是为了等待援兵，于是清军不再强攻，而是在雅克萨城的东、南、北三面挖掘壕沟，围困雅克萨，同时派战舰在黑龙江上巡逻，以阻止俄军援救雅克萨。

沙俄侵略者被清军紧紧围困，战死的、病死的人越来越多。在坚守了十个月之后，826名沙俄侵略者只剩下了66人。索菲亚公主急忙向清政府求和，派出使者商议中俄边界问题。清政府允许剩余的沙俄侵略者撤往尼布楚，清军也从雅克萨撤军。第二次雅克萨之战结束。

第二次雅克萨之战结束后，中俄双方于一六八九年七月签订了《尼布楚条约》。条约规定了两国的东段边界，以外兴安岭至格尔必齐河和额尔古纳河为界。黑龙江以北、外兴安岭以南和乌苏里江以东包括库页岛在内的广大地区都是清朝的领土。

**《尼布楚条约》**

  一六八九年七月二十四日，清政府首席代表索额图和沙俄政府首席代表戈洛文在尼布楚签订了中俄《尼布楚条约》。条约明确划分了中俄两国的东段边界，从法律上确立了黑龙江和乌苏里江流域包括库页岛在内的广大地区都属于清朝，清朝则同意把贝加尔湖以东、原属清朝的尼布楚割让给俄国。条约内容以满、汉、蒙、俄及拉丁文五种文字刻在了界碑上。

  雅克萨之战是清朝军队反击沙俄入侵的一次重要战役。雅克萨之战的胜利有力地遏止了沙俄向我国黑龙江流域进行侵略的计划，维护了我国的国家统一和领土完整。雅克萨之战是中俄关系史上的一个转折点，为中俄《尼布楚条约》的签订奠定了基础，保卫了我国的东北边疆。

**中俄签订《尼布楚条约》**

**知识拓展：**

①哈巴罗夫

（公元1603年—公元1671年），俄国探险家、殖民军头目。哈巴罗夫原本是一个暴发户，后来因为盗窃公物，不仅破产，还被判刑坐牢。出狱后，他获得了雅库茨克长官弗兰茨别科夫的任命，筹建了一支武装"探险队"，远征黑龙江流域。公元1650年，他强占了黑龙江上游北岸的雅克萨，并以雅克萨为据点，沿黑龙江两岸大肆掠杀当地的达斡尔、索伦（鄂温克）等少数民族，犯下了滔天罪行。后被清军赶回沙俄。

②彼得大帝

（公元1672年—公元1725年），俄国罗曼诺夫王朝第四代沙皇。他于公元1682年即位，公元1689年掌握实权。彼得大帝被认为是俄国历史上最杰出的沙皇。他制定了一系列效仿西方的政策，积极兴建工厂，发展贸易，促进文化、教育和科学事业的发展，同时改革军事，建立了正规的陆军和强大的海军，对土耳其、瑞典等国发动了连续多年的战争。彼得大帝在俄国的北部、西部和南部都夺得了大片领土，并得到了波罗的海、黑海出海口，将俄罗斯发展成为一个近代化强国。

# 第十五章　乌兰布通之战

## 乌兰布通之战

【战役名称】乌兰布通之战
【交战时间】公元1690年
【交战地点】乌兰布通（今内蒙古克什克腾旗南境）
【交战方】清朝vs准噶尔部
【参战方力量对比】清军：10万人；准噶尔军：约3万人。
【伤亡情况】清军：不详；准噶尔军：2万人以上。
【战役结果】清军获胜。
【历史意义】乌兰布通之战使准噶尔部实力大损，蒙古全境出现了平静局面。

　　乌兰布通之战是发生在清政府与准噶尔部之间的一场战争。这场战役最终以准噶尔军军心涣散、仓皇撤退而告终。经过此役，准噶尔部实力大损，曾经被其征服的回部（今新疆南部）、青海、哈萨克等部纷纷投向清朝。乌兰布通一役维护了国家的统一和领土完整，也赢得了蒙古及西北地区人民生活的安宁。

**噶尔丹的诱敌之计**

准噶尔部是清代漠西蒙古（厄鲁特蒙古）四部中实力最强的一部。噶尔丹[①]在夺取准噶尔部汗位后，吞并其他部落，势力扩张到天山南北及青海地区，成为一个割据政权。公元1689年年末，准噶尔部首领噶尔丹与沙俄勾结，率领2万大军离开科布多营地，第二次东征喀尔喀蒙古（今蒙古国），想要消灭土谢图汗[②]和哲布尊丹巴[③]。公元一六九〇年六月二十一日，准噶尔军与清军在内蒙古中部的乌尔会河（今乌勒盖河）发生遭遇战，准噶尔军大胜并趁机南下。

准噶尔古城遗址，位于今新疆和布克赛尔

土谢图汗、哲布尊丹巴没有办法，只能驱赶着牲畜在内蒙古一带游牧，以躲避准噶尔军的攻击，并得到清军的庇护。准噶尔军无法继续深入，只得调转马头。经过缜密思考，噶尔丹率领大军进入内蒙古的克什克腾旗，然后突然挥师南下，直抵乌兰布通，距离京师仅有700里。

噶尔丹进军乌兰布通

为什么准噶尔军会来到乌兰布通呢？

原来就在噶尔丹远征喀尔喀蒙古的时候，他的侄子策妄阿拉布坦趁机占据了准噶尔。噶尔丹失去了自己的大后方。噶尔丹虽然占领了喀尔喀蒙古的大部分地区，但喀尔喀蒙古的人畜都躲到了内蒙古，土地一片荒芜，不见人烟，毫无用处。

噶尔丹在乌尔会河大败清军之后信心大增，他希望和清军进行决战，吞并喀尔喀蒙古，消灭土谢图汗、哲布尊丹巴，进而占据中国北方的半壁江山。噶尔丹选择在乌兰布通与清军进行决战是经过深思熟虑的。

乌兰布通距离京师只有700里，越过燕山山脉就是幅员辽阔的华北大平原，京师将无险可守。为了京师的安全，清军一定会前来应战。噶尔丹非常熟悉乌兰布通的情况，于是抢先占据了有利地形，做好了战前准备。

局势变得异常紧张，京畿地区进入戒严状态。

**清政府积极备战**

乌尔会河战役失利之后，清政府调集大军，准备再次讨伐噶尔丹。康熙[4]调兵10万，兵分两路：一路以裕亲王福全为统帅，从古北口出发；一路以恭亲王常宁为统帅，从喜峰口出发；又命索额图、明珠等大臣负责战争的后勤工作。

两路大军出发后，康熙也启程北上，御驾亲征噶尔丹。途中康熙得病，从博洛河屯（今河北隆化）返回京师。康熙吸取乌尔

噶尔丹

会河战役失利的教训，临行前严令：前线各军不得擅自开战，务必协同攻击，确保歼灭噶尔丹。

　　这时，康熙反而担心噶尔丹会退回科布多。为了稳住和麻痹噶尔丹，康熙多次派出使者向噶尔丹致歉："乌尔会河的战事是统帅阿尔尼自作主张，不是朝廷的命令。""你进入我边界是因为要追击喀尔喀人。喀尔喀人也多次侵犯我边疆，与我并不友好。我们有共同的敌人，应该结盟，共同商量对付他们的办法。"

　　噶尔丹早就看出了康熙假谈真打的用意，于是将计就计，派出使者顺着康熙的话风，说明自己之所以进入清朝边境是因为

"追击土谢图汗、哲布尊丹巴"。双方不断派出使者,清军如愿接近准噶尔军,噶尔丹则摩拳擦掌,准备大战一场。

福全还派人犒劳噶尔丹,送去100只羊和20头牛,并希望约定一个地点进行和谈,以彻底解决喀尔喀问题。然而,噶尔丹虽然接受了礼品,却没有接受和谈的建议,是战是谈一点儿口风都不透露,让福全不知所措。

福全无奈,只能向康熙奏报:"我个人认为,我们的大军既然出动,噶尔丹肯定会知道我们的用意。噶尔丹诡计多端,我们往东,他就往西;我们往南,他就往北。我们的调动不像他那么自由,可以先暂时驻扎,然后再决定后面的行动。"

双方各自盘算着自己的棋局,剑已出鞘,战争一触即发。

**乌兰布通古战场,位于今内蒙古克什克腾旗南境**

**激烈的战争**

乌兰布通是幅员辽阔的大草原，背靠乌兰布通山，山脚下是一大片桦树林，桦树林前有一条由北向南的长弓河，形成了天然屏障。

准噶尔军在桦树林与长弓河之间安营扎寨。营地四周横卧着1万多匹被捆住四蹄的骆驼，构成驼城。每匹骆驼身上堆着箱垛，外面蒙着几层浸湿的毛毡，既可以防御弓箭和火枪的攻击，又可以从空隙中放枪射箭，形成了坚固的工事。噶尔丹派出5000名骑兵在长弓河东岸列阵迎敌；6万人马在驼城内驻守；还有3.5万名骑兵埋伏在桦树林中，随时准备发动突然袭击。这奇特的驼城让康熙也暗自叹服，心想：这个噶尔丹算得上是一代豪杰了，可正因为如此，也成了我的心腹之患，一定不能放过他！

在长弓河西岸，福全拿着望远镜，认真地察看着驼城。他心里深感不安：这个驼城好古怪啊。按照康熙制订的作战计划，清军先扫平对岸的准噶尔骑兵，然后再围攻驼城。

战鼓擂动，双方上万匹铁骑混战在一起，卷起了漫天尘土。

然而，此时的驼城内却是一片死寂。突然，鼓声响起，旌旗摇动，上下翻飞，驼城边缘突然架起了大批俄国火枪，雨点般的铅弹使许多清军士兵倒在了血泊之中。清军死伤惨重，被迫撤退。

随后，清军利用火炮进行还击，噶尔丹的先锋部队同样死伤惨重。双方激战一天，各有伤亡，打成了平手。噶尔丹率军在长

**清军与准噶尔军激烈交锋**

弓河对岸布防,易守难攻;清军在人数上占有优势,却无法渡河。眼看天色将黑,双方各自退兵。

康熙在了解到前方的战况后,苦思良策,最后颁发了一道圣旨:"被迫跟随噶尔丹的将士都是大清的臣民。凡是想要归顺大清者,可以弃枪、牵马集合于招抚大旗下。我会赦免他的罪责,赏赐给他驼畜和牧场,让他能够继续游牧。"

福全将招抚大旗挂于显眼的地方,很快就瓦解了噶尔丹的部队,很多士兵放下武器,投降了清军。与此同时,清军的各路援军陆续赶到,对噶尔丹形成了包围。噶尔丹虽然没有失败,但战局对他越来越不利。

在这种形势下，噶尔丹决定迅速撤离战场，退回漠北。为了避免被清军追击，噶尔丹派遣使者与清军进行和谈，故意在细节问题上讨价还价，并装模作样地对着佛像磕头，发誓不再进攻内地。噶尔丹制造的假象为撤退争取了三天宝贵的时间。

当福全意识到自己上了噶尔丹的当再想要追赶时，已经来不及了。

乌兰布通之战后，噶尔丹率领军队向科布多狼狈逃窜，一路狂奔。为了阻止清军追击，噶尔丹甚至下令在草原上放起火来。准噶尔军途中遭遇瘟疫，最后仅剩数千人。此后，噶尔丹勾结沙俄，纠集残部，继续在漠北一带活动。

康熙认真地总结了乌兰布通之战的经验教训，嘉奖了协助追剿噶尔丹的蒙古王公，进一步巩固了清朝的北部边疆。经过多年的周密筹划和精心准备，康熙于公元1696年到公元1697年间连续亲征噶尔丹，粉碎了噶尔丹的再次叛乱，歼灭了准噶尔军的主力。

此时的噶尔丹已经到了众叛亲离、走投无路的境地，于是服毒自杀了。噶尔丹叛乱被平定后，蒙古地区最终得以安定，西北地区的边防得以巩固。

**知识拓展：**

①噶尔丹

（公元1644年—公元1697年），是厄鲁特蒙古准噶尔部首领，巴图尔珲台吉第六子。公元1671年，噶尔丹从西藏返回准噶尔，夺取了准噶尔部的统治权。噶尔丹与西藏僧俗高层交往密切，勾结沙皇俄国，发动了对清朝的进攻。被清军击败后，噶尔丹于公元1697年自杀身亡。

②土谢图汗

（？—公元1699年），名察珲多尔济。公元1655年，察珲多尔济继承土谢图汗汗位。公元一六八八年五月，准噶尔汗噶尔丹率军3万掳掠喀尔喀牧场，土谢图汗与其子噶勒丹多尔济大败，与其二弟活佛哲布尊丹巴一世一起向清朝归降。公元1699年，察珲多尔济去世。

③哲布尊丹巴

（公元1635年—公元1723年），出生于喀尔喀蒙古土谢图汗部。15岁时受戒出家，取法名罗桑丹贝坚赞，后由五世达赖授予"哲布尊丹巴呼图克图"的名号。公元1688年，因准噶尔部入侵，罗桑丹贝坚赞与察珲多尔济等部落首领率喀尔喀蒙古归顺清朝。公元1723年在京圆寂，享年88岁。

④康熙

（公元1654年—公元1722年），名玄烨，八岁登基，14岁亲政，在位61年，是中国历史上在位时间最长的皇帝。康熙是一位很有作为的君主，他智擒鳌拜、平定三藩之乱、收复台湾、平定准噶尔部叛乱，奠定了清朝兴盛的根基，开创了康乾盛世。